Hans Bender
Telepathie, Hellsehen und Psychokinese

Serie Piper:

Hans Bender

Telepathie,
Hellsehen
und Psychokinese

Aufsätze zur
Parapsychologie

ISBN 3-492-00331-1
Titelnummer 331
© R. Piper & Co. Verlag, München 1972
Umschlag Wolfgang Dohmen
Gesetzt aus der Garamond-Antiqua
Gesamtherstellung Clausen & Bosse, Leck
Printed in Germany

Inhalt

Vorwort

In den letzten Jahren sind die durch den Titel dieses Bandes angedeuteten Phänomene: Telepathie – Hellsehen – Psychokinese durch
eine meist sachliche Information in den Massenmedien einer breiten
Öffentlichkeit bekannt geworden. Diese Information antwortet offenbar einem Bedürfnis. Hauptsächlich die junge Generation – aber
nicht nur diese – gibt sich nicht mehr mit sanktionierten Meinungen
und vorfabrizierten Auffassungen über Natur, Geschichte und Gesellschaft zufrieden, sondern strebt eine ›Bewußtseinserweiterung‹ an.
Diese zwar zum Schlagwort gewordene, aber deswegen nicht minder
zutreffende Tendenz der Menschen von heute zeigt sich in vielen
Formen. Eine davon ist die engagierte Zuwendung zu Ereignissen,
Problemen und Ausblicken der Parapsychologie.

Dieser Zweig der Wissenschaft beschäftigt sich mit psychischen
und psychophysischen Erscheinungen, die neben (›para‹) den vertrauten, mit den gewohnten Kategorien unseres Weltverständnisses
begreiflichen Phänomenen auftreten und durch die Jahrhunderte berichtet werden. Es handelt sich einerseits um anscheinend nicht durch
die Sinne vermittelten Erfahrungen, die als ›Wahrträume‹, ›Zweites
Gesicht‹, ›Hellsehen‹ von jeher das Leben des Menschen begleiteten
und andererseits um ungewöhnliche Vorgänge im Bereich der Körperwelt, die ihre stärkste Prägung in sogenannten ›Spuk‹-Ereignis-
sen finden. Diese so angedeuteten Bereiche werden in der parapsychologischen Forschung unter den Stichworten »Außersinnliche
Wahrnehmung« und »Psychokinese« in Fallanalysen und Experimenten im Laboratorium untersucht.

Das Außergewöhnliche in diesen Formen hat von jeher die Gemüter bewegt. Eine ›andere‹ Wirklichkeit schien sich darin zu offenbaren, die von den einen leidenschaftlich gesucht, von den anderen
ebenso entschieden verworfen wurde. Grundmuster in der Einstellung zum Dasein spiegeln sich darin. Jenseitshoffnungen schienen
sich zu erfüllen: die weltweite Bewegung des Spiritismus sah und
sieht in vielen parapsychischen Phänomenen eine Bewirkung Verstorbener und damit einen greifbaren Beweis für ein persönliches
Überleben des Todes. Die Parapsychologie schließt diese Hypothe-

se nicht aus, zeigt aber, daß sie zur Zeit zumindest nicht schlüssig beweisbar ist. Spiritistische Auffassungen können durchaus besonnen vorgetragen werden, aber sie können sich auch kurzschlüssig als offensichtlich unkontrollierte Fehlhaltungen einschleichen. Aus solchen ›abergläubischen‹ Kontakten mit einer trügerischen Transzendenz können sich psychische Störungen gefährlich entwickeln, die als ›mediumistische Psychosen‹ ein umschriebenes Krankheitsbild darstellen.

Die in diesem Band vereinigten Artikel, die zum größten Teil in der »Zeitschrift für Parapsychologie und Grenzgebiete der Psychologie« erschienen sind, erweitern – an ihrem Titel erkenntlich – das in diesen einleitenden Worten Gesagte. Der Beitrag »›Wunderheilungen‹ im affektiven Feld« zeigt darüber hinaus den fließenden Übergang zwischen normalpsychologisch verstehbaren ›Blitz‹-Heilungen zu solchen, die – wie C. G. Jung darlegt – eine parapsychologische Hypothese ergänzend fordern. Der Artikel »Hans Berger und die energetische Theorie der Telepathie« zeigt am Modellfall der weithin akzeptierten Telepathie – der außersinnlichen Wahrnehmung fremdseelischer Vorgänge – das bisherige Scheitern einer Eingliederung solcher parapsychischer Phänomene in das Bezugssystem der heutigen Naturwissenschaft. Da es sich aber um natürliche und nicht um ›übernatürliche‹ Vorgänge handelt, fordern sie zwingend dazu auf, den Naturbegriff zu erweitern. Eine immer größere Zahl von Physikern antwortet, das Dilemma der Parapsychologie verstehend, auf diese Herausforderung. Das Gespräch der Parapsychologie zwischen den Fakultäten hat begonnen.

Freiburg i. Br., im Dezember 1971   Hans Bender

Neue Dimensionen der Psyche

Als vor einiger Zeit eine weit verbreitete deutsche Zeitung eine Arti-
kelserie »Dein sechster Sinn« veröffentlichte und die Leser auffor-
derte, Berichte über außergewöhnliche Erlebnisse wie Ahnungen,
Wahrträume, »Zweites Gesicht«, Todesankündigungen, Spuk ein-
zusenden, erhielt die Redaktion nahezu 2000 Briefe mit etwa 4000
Berichten. Im Juli dieses Jahres widmete das Französische Fernsehen
eine Sendung der Reihe »Les Dossiers de L'Ecran« – Dokumente vor
dem Bildschirm – dem Problem der Erscheinungen und des Spuks.
Fünftausend Telefonanrufe gingen während der Sendezeit ein mit
Bitten um Auskunft auf Fragen. Man sieht: Erlebnisse, die die ver-
traute Wirklichkeit durchbrechen, spielen im Bewußtsein vieler
Menschen eine gewichtige Rolle und drängen nach Äußerung.

Die Meinungsforschung vermag uns über solche Einstellungen
statistische Zahlen zu liefern: Das Allensbacher Institut für Demoskopie hat einem repräsentativen Querschnitt Erwachsener in der
Bundesrepublik und in West-Berlin die Frage gestellt, ob sie es für
möglich hielten, daß man auf unerklärlichem Wege Informationen
über räumlich entfernte Vorgänge und zukünftige Ereignisse erhalten könne. Die Umfrage sprach von »Zweitem Gesicht« oder ähnlichen Erlebnissen. 53 Prozent der Befragten äußerten sich positiv, 36
Prozent hielten diesen Bereich für Aberglauben, der Rest enthielt
sich der Meinung. Jeder fünfte westdeutsche Erwachsene gab an, solche Erlebnisse ein- oder mehrmals selbst gehabt zu haben.

Von den außergewöhnlichen Erfahrungen, nach denen gefragt
wurde, ist mit einer bemerkenswerten Gleichförmigkeit seit der
Antike die Rede. Durch die Jahrhunderte hindurch trifft man auf
Berichte, nach denen Menschen außerhalb des Bereiches ihrer Sinnesorgane Kunde von Vorgängen erhalten haben, von denen sie auf
normale Weise nichts wissen konnten. Man spricht von Ahnungen,
von Wahrträumen, die Gegenwärtiges und sogar Zukünftiges kün-
den, von Visionen, Hellsehen, Erscheinungen, Zweitem Gesicht –
einer Fülle von unheimlichen Begebenheiten, die die gewohnte und
vertraute Wirklichkeit durchbrechen und offenbar einer »anderen
Wirklichkeit« angehören.

Man könnte sich damit begnügen, diese Vorgänge, die von jeher das Leben der Menschen begleitet haben, als eine subjektive seelische Tatsache hinzunehmen – als eine besondere Form seelischen Erlebens: In einer Art Bewußtseinsdämmerung, in der der Verstand sich verflüchtigt, fühlt der Mensch sich vom Geheimnis und Wunder angerührt und verweist diese Erlebnisse dann – wie die ablehnende Gruppe bei der Bevölkerungsumfrage – in den Bereich des Aberglaubens oder nimmt sie wohlwollender als »Volksglauben« hin. Sind nun die 53 Prozent unserer Mitbürger, die die »andere Wirklichkeit« des Außergewöhnlichen bejahen, abergläubisch? Aberglaube ist ein falscher Glaube, ein ungerechtfertigtes Für-wahr-Halten von etwas, das nicht existiert. Es stellt sich die simple Frage: Wer hat recht, die Leugner oder die Überzeugten? Gibt es solche eigentümlichen »okkulten« seelischen Fähigkeiten oder gibt es sie nicht? Sind die Erlebnisse des »Zweiten Gesichts« bloße Täuschung oder – um den Fragenkreis zu erweitern – sind etwa Spukvorgänge, bei denen sich auf unerklärliche Weise Gegenstände bewegen sollen, bloße Illusionen, Produkte einer überhitzten Phantasie oder unkritischer Fehldeutungen ganz normaler Ereignisse?

Psychologische Untersuchungen haben ergeben, daß die Einstellung zu dem Bereich des Geheimen und Verborgenen, zu dem, was wir »andere Wirklichkeit« nannten, im stärksten Maße von Gefühlen bestimmt wird, vorgefaßten Meinungen, die in Grundtypen des Welterlebens wurzeln – von Affekten des Hingezogenseins und der Abwehr in bezug auf das Magische, die sich dann in einem verbalisierten Meinungszwiespalt kundtun. Es liegt auf der Hand, daß dieses Aufeinanderprallen von Affekten nur durch sachliche Informationen, nur durch eine Erforschung der Tatsachen entschieden werden kann. Darum bemüht sich die Parapsychologie, die Wissenschaft von den »okkulten Erscheinungen«, wie sie der Leipziger Philosoph Hans Driesch in seiner 1932 erschienenen »Methodenlehre« nannte.

Die Parapsychologie erstrebt eine vorurteilsfreie Tatsachenforschung auf dem umstrittenen Gebiet, auf dem sich »Okkultgläubige« und »Anti-Okkultgläubige« unversöhnlich gegenüberstehen. Der international gebräuchliche Name dieses jungen Zweiges der Wissenschaft ist von griechisch »para« = neben abgeleitet und bezeichnet die Beschäftigung mit psychischen und physischen Erscheinungen, die neben den uns vertrauten, mit den gewohnten Kategorien unseres Weltverständnisses begreiflichen Phänomenen auftreten oder aufzutreten scheinen. Der Begriff ist nicht besonders glücklich gewählt, da er eine Sonderstellung der in Frage stehenden Phänomene festlegt. Der Münchner Psychiater Bumke erklärte sich allerdings durch dieses Kunstwort besonders zufriedengestellt. Er sagte: »Das Wort ist gut gewählt; die Parapsychologie greift schlechthin immer daneben: in der Problemstellung, in der Methode und nicht am wenigsten in der Kritik.«

Viele Wissenschaftler der älteren Generation verharren noch in dieser vorgefaßten ablehnenden Haltung, doch ist eine ständig wachsende Zahl junger Menschen für das neue Forschungsgebiet aufgeschlossen: Ihr Bedürfnis nach einer »Bewußtseinserweiterung« führt sie zu einer Beschäftigung mit dem Tatsachenmaterial, das die Parapsychologie über einen Bereich bearbeitet hat, den ich mit dem Stichwort einer »anderen Wirklichkeit« bezeichnet habe, die die Realität der den körperlichen Sinnesorganen erfaßbaren äußeren Welt durchdringt und in der – wie sich zeigen wird – die Dimensionen Raum und Zeit als Ordnungsschema unserer Wahrnehmungen der äußeren Welt aufgehoben zu sein scheinen. Neue Dimensionen der Psyche werden sichtbar, die zur Zeit in unser naturwissenschaftliches Weltbild noch nicht eingeordnet werden können. Sie weisen auf eine erweiterte Natur hin, die die sinnlich vermittelte raum-zeitliche Wirklichkeit und eine andere, den gegenwärtig bekannten physikalischen Gesetzen offenbar nicht unterworfene Wirklichkeit umfaßt.

Die Erlebnisberichte über den »sechsten Sinn« – Ahnungen, Wahrträume, Visionen, Erscheinungen – stellen die Frage nach unerklärlichen Informationen, die Beobachtungen über Spuk und verwandte Phänomene, das Problem einer unerklärlichen Wirkung auf körperliche Dinge. Diese beiden Bereiche sind die hauptsächlichen Themen der wissenschaftlichen parapsychologischen Forschung. Sie umfassen:

1. die Frage einer Wahrnehmung außerhalb der uns bekannten Sinnesorgane, die außersinnliche Wahrnehmung;

2. die Frage einer physikalisch zur Zeit unerklärlichen, direkten

Wirkung des Menschen auf körperliche Dinge, die als »Psychokinese« bezeichnet wird.

Im Bereich der außersinnlichen Wahrnehmung unterscheidet die Parapsychologie drei Formen: Telepathie, Hellsehen und Präkognition. Dieser letzte Begriff bedeutet »Vorauserkennen« und wird in der Parapsychologie statt des geläufigen Wortes »Prophetie« gebraucht, das eigentlich der Heilsgeschichte angehört. Was mit diesen Unterscheidungen gemeint ist, soll an einer berühmt gewordenen Vision erläutert werden, die der schwedische Gelehrte und Geisterseher Swedenborg 1756 in Göteborg von einem gleichzeitig in Stockholm wütenden Brand hatte, dessen Verlauf er in allen Einzelheiten schilderte. Kant, der Königsberger Philosoph, hat 1763 über diesen Vorfall einen Brief geschrieben, der mit den Worten schließt: »Was kann man wider die Glaubwürdigkeit dieser Begebenheit anführen? Der Freund, der mir dies schreibt, hat alles das nicht allein in Stockholm, sondern vor etwa zwei Monaten in Gothenburg selbst untersucht..., wo er sich von einer ganzen Stadt, in der seit der kurzen Zeit doch die meisten Augenzeugen noch leben, hat belehren können.« Angenommen, die Erzählung sei tatsächlich wahr, so kann man sich hypothetisch vorstellen, daß der Seher in einem unerklärlichen Kontakt mit den Augenzeugen des Brandes stand und seine Informationen als Übertragung ihrer Eindrücke erhielt. Solche direkte Informationsübertragung nennt man Telepathie. Man definiert Telepathie als »außersinnliche Wahrnehmung eines fremdseelischen Vorgangs« oder als »Übertragung seelischer Vorgänge – Empfindungen, Gefühle, Bilder, Gedanken – von einer Psyche auf eine andere ohne Vermittlung der bekannten Sinnesorgane«.

Ein anderes Denkmodell für dieses außergewöhnliche Ereignis wäre, daß Swedenborg das Brandgeschehen selbst »wahrnahm«, daß er also auf die objektiven Vorgänge und nicht auf deren Spiegelung in einer Psyche oder mehreren bezogen war. Eine solche hypothetische außersinnliche Wahrnehmung eines objektiven Ereignisses nennt man in der Parapsychologie Hellsehen, wobei dieser Begriffsbestimmung operational hinzugefügt wird: »von dem niemand Kenntnis hat«, um Hellsehen von der Telepathie abzugrenzen. Der Begriff Hellsehen wird also hier in einem engeren Sinne verwendet als in der Umgangssprache, wo er für alle Formen außergewöhnlicher Wahrnehmungen gebraucht wird. Beim visionären Miterleben eines sich entfernt abspielenden Ereignisses könnte man nur dann von Hellsehen im strengen Sinne der Parapsychologie sprechen, wenn keine Zeugen vorhanden sind, die telepathisch Eindrücke vermitteln könnten. Ist eine Differenzierung nicht möglich, spricht man von »allgemeiner außersinnlicher Wahrnehmung«.

Hätte nun Swedenborg den Brand vorausgesehen — so revoltierend es klingt: Es werden viele Begebenheiten solcher Art berichtet —, wäre der Vorgang der Präkognition gegeben. Eine Begriffsbestimmung der Präkognition als »unerklärliches Vorauswissen des Zukünftigen« muß natürlich alle Fälle ausschließen, bei denen ein in der Zukunft liegender Vorgang auf rationalem Wege vorausgesagt werden kann. Im Bereich der exakten Naturwissenschaften und der Technik kann man voraussagen, welche Folgen eine Ursache haben wird; wir wissen, wann ein Zug abfährt oder der Wetterbericht gesendet wird, wir können Wahlergebnisse mit relativ geringen Fehlern im voraus ermitteln, doch auch die Reaktionen von Menschen bis zu einem gewissen Grade vorausbestimmen. Man muß aus der Präkognition auch Fälle ausschließen, bei denen der Verdacht besteht, daß die Erfüllung einer Voraussage bewußt oder unbewußt herbeigeführt wird. Wenn ein Wahrsager einem Klienten prophezeit: »Sie sind in Gefahr, mit Ihrem Auto eine Böschung hinunterzustürzen«, kann bei einem kritiklos Gläubigen die Angst vor dem angeblich drohenden Unglück ein Fehlverhalten zur Folge haben, das genau die Situation arrangiert, die vermieden werden sollte. Man spricht dann von »Erfüllungserwartung« oder »Erfüllungszwang«. Unter Berücksichtigung dieser Gesichtspunkte wird Präkognition definiert als »Vorauswissen zukünftiger Ereignisse, für die keine zureichenden Gründe bekannt sein können, die sie herbeiführen, und die auch nicht als Folge des Vorauswissens auftreten«.

Die unter dem Stichwort Psychokinese zusammengefaßte zweite Hauptgruppe der parapsychologischen Forschung wird auch als Parapsychophysik bezeichnet — ein Begriff, der dem geläufiger gewordenen »PK« eigentlich vorzuziehen wäre. Es handelt sich nämlich in diesem Bereich nicht nur um die Erforschung der Fernbewegung — das bedeutet Psychokinese —, sondern auch um andere, allerdings sehr umstrittene unerklärliche Wirkungen wie etwa die

Erzeugung von Materialisationen durch sogenannte »physikalische Medien«, angebliche Neubildungen von Materie, die von schleierartigen Gebilden bis zu den Formen menschlicher Gliedmaßen oder gar ganzer Gestalten reichen soll. Neuerdings verwendet man die Bezeichnung »Psi«, vom griechischen Buchstaben Psi = P, zur zusammenfassenden Bezeichnung aller Formen von parapsychischen Erscheinungen. So liest man etwa: Psi als direkte Kontaktform zwischen Mensch und Mensch oder Mensch und Natur, Psi bei Tieren, Psi und Physik oder Psi und Religion.

Die parapsychologische Forschung schöpft aus drei Hauptquellen: Als Rohmaterial gewissermaßen untersucht sie erstens die sogenannten »spontanen Phänomene«, die erwähnten außergewöhnlichen Erlebnisse, die aus allen Schichten der Bevölkerung berichtet werden; zweitens stellt man Experimente mit quantitativ-statistischen Methoden im Laboratorium an und testet beliebige Versuchspersonen auf parapsychische Fähigkeiten; drittens arbeitet man experimentell mit sogenannten »Medien« oder »Sensitiven«, das heißt mit Menschen, bei denen Grund zur Vermutung besteht, daß sie über besonders ausgeprägte Psi-Begabungen verfügen. Solche Versuche sind vorwiegend qualitativer Art, werden aber, wo irgend möglich, auch einer quantitativen Auswertung unterzogen.

Eine systematische parapsychologische Forschung begann mit der Gründung der noch heute tätigen englischen »Society for Psychical Research« (Gesellschaft für psychische Forschung) im Jahre 1882. Es dauerte nahezu ein halbes Jahrhundert, bis das neue Forschungsgebiet an einigen Universitäten Fuß faßte. Anfang der dreißiger Jahre wurde ein parapsychologisches Laboratorium an der Duke Universität in Durham/North Carolina begründet, das unter der Leitung von J. B. Rhine jahrzehntelang Pionierarbeit vor allem in der statistischen parapsychologischen Forschung geleistet hat. An der Reichsuniversität Utrecht und an der Freiburger Universität bestehen Lehrstühle und Institute für diese Forschung. Zur Überraschung der Gegner der Parapsychologie wurde 1960 durch den Physiologen Leonid Wassiliew an der Universität Leningrad eine Abteilung zur Erforschung der ›Bioinformation‹ eröffnet. In der sowjetischen Forschung bezeichnet man als Bioinformation das Phänomen der Telepathie.

Diese so häufig berichteten außergewöhnlichen Erlebnisse lassen erkennen, daß die paranormale Information sich in verschiedener Weise im Bewußtsein äußern kann. Da gibt es die *Ahnungen*, bei denen die rätselhafte Information lediglich Stimmungen oder Handlungsimpulse auslöst und nicht inhaltlich die Schwelle des Wachbewußtseins durchbricht. In etwa der Hälfte der berichteten Fälle äußern sich die Psi-Informationen im Traum, in ungefähr einem Fünftel als Visionen und Halluzinationen im Wachzustand. Es ist eine Erfahrungstatsache, daß Zustände einer herabgesetzten Bewußtseinsspannung den Durchbruch der Psi-Informationen begünstigen. Dies zeigt schon der große Anteil der »Wahrträume« am Psi-Erleben, aber auch Abgelenktheit, Dösen, Schläfrigkeit, Entspannung durch Musik, hypnotische und Trance-Zustände sind paranormalen Erfahrungen förderlich.

Bei den *Wahrträumen* kann man schematisch eine realistische und eine symbolische Darstellung der Psi-Information unterscheiden. Realistisch war ein Traum einer Berichterstatterin, die ihre Träume regelmäßig aufzuschreiben pflegt. An einem 12. April hatte sie in ihr Traumbuch eingetragen: »An einer weißen Wand hängt das Bild der Mona Lisa. Davor steht ein Mann, groß, grauhaarig. Plötzlich dreht er sich um und sagt zu mir erstaunt: ›Sind Sie jetzt die Mona Lisa oder ist es die auf dem Bild?‹« – Zwei Tage später erhielt ich einen Brief aus Paris von einem Herrn, der kurz zuvor die Träumerin flüchtig im Freiburger Institut für Grenzgebiete der Psychologie kennengelernt hatte. Er berichtete, daß er im Louvre gewesen sei und wieder einmal das Meisterstück von Leonardo da Vinci bewundert habe. Dabei sei ihm eine erstaunliche Ähnlichkeit der Mona Lisa mit der Träumerin aufgefallen. Von dieser Ähnlichkeit war nie die Rede gewesen.

Die inhaltliche und zeitliche Übereinstimmung des Traumes mit dem Erlebnis und dem Brief des Louvre-Besuchers spricht für Telepathie. Die Aufzeichnung des Traumes vor der »Erfüllung« schließt die Fehlerquelle der Erinnerungstäuschung aus, die bei Berichten über spontane Erlebnisse immer im Auge behalten werden muß: Jemand hat einen Traum, dann geschieht etwas, das eine Ähnlichkeit mit dem Traumgeschehen zu haben scheint, und schon werden beide Vorgänge aneinander angeglichen und damit wechselseitig verfälscht. Symbolische Wahrträume können die Psi-Eindrücke so verrätseln, daß sie vom Träumer nur unter besonderen Umständen erkannt oder vielleicht überhaupt nicht verstanden werden.

Eine Holländerin – der Fall wurde von meinem Utrechter Kollegen Willem Tenhaeff aufgezeichnet – träumte von einem Besuch eines ihrer Freunde. Dieser bat sie, eine gemeinsame Bekannte aufzusuchen und ihr zu sagen, daß es ihm gut gehe. Beim Verlassen des Hauses nahm er eine alte Jacke ihres Mannes mit. Sie erfuhr durch die Bekannte, daß er völlig unerwartet gestorben war, und hielt ihren Traum nun für einen Wahrtraum, doch konnte sie sich das Motiv der alten Jacke nicht erklären. Später stellte sich heraus, daß ihre Kinder dieses Kleidungsstück »das ewige Leben« zu nennen pflegten.

In den meisten Fällen beziehen sich solche »spontanen Phänomene« auf etwas Bedrohliches: Tod in mehr als 40 Prozent der Berichte, Erkrankung, Verletzung, Lebensgefahr in 20 Prozent, weiter auf Verlust von Eigentum – darunter oft auf Brand beim »Spökenkieken« in der Lüneburger Heide und in Friesland –, oft auch auf Liebesverlust: Eifersucht kann Psi-Erlebnisse auslösen. Angst scheint das hauptsächliche Motiv für die rätselhafte Durchbrechung der Raum- und Zeitschranken zu sein.

Das Rohmaterial der »spontanen Phänomene« hat Hinweise für Laboratoriumsexperimente gegeben, in denen man mit modernen wissenschaftlichen Methoden die Frage der außersinnlichen Wahrnehmung untersucht. Die zweite Forschungsquelle der Parapsychologie: quantitativ-statistische Laboratoriumsexperimente, wurde seit 1930 von dem amerikanischen Parapsychologen J. B. Rhine auf breiter Basis ausgebaut. Rhine und die mit ihm in Verbindung stehenden Forschergruppen verwenden ein gleichbleibendes Testmaterial: fünf geometrische Figuren – Kreis, Kreuz, Wellenlinien, Quadrat und Stern –, die in Spielen zu je fünf mal fünf, also 25 Karten verwendet werden. Versucht man zu erraten, wie die Karten in einem gut gemischten Päckchen liegen und ist dabei nur der reine Zufall maßgebend, erzielt man bei genügend langen Serien durchschnittlich fünf Treffer bei 25 Aussagen. Das ist die mittlere Zufallserwartung. Erreicht man nun bei Experimenten, bei denen jede Möglichkeit ausgeschlossen ist, die Karten auf normale Weise zu erkennen, in Hunderten von Aussagen durchschnittlich mehr als die Zufallserwartung von fünf Treffern, so weist diese Abweichung darauf hin, daß bei den erfolgreichen Versuchspersonen eine Fähigkeit im Spiele war, Eindrücke der Karten außerhalb der normalen Sinnesorgane zu erhalten. Sieht ein sogenannter »Sender« die Kartensymbole an, kann eine Information über die in Frage stehende geometrische Figur auf telepathischem Wege erhalten werden; sind die zu erratenden Karten in ihrer Reihenfolge niemandem bekannt, wäre Hellsehen im Spiele, wenn statistisch signifikante, das heißt bedeutsame Ergebnisse über der Zufallserwartung erzielt werden.

In einem sogenannten »Schaukel-Experiment« mit einem jungen technischen Assistenten des Freiburger Instituts, der zeitweise erstaunliche paranormale Fähigkeiten zeigte, haben wir die beiden Techniken – Telepathie und Hellsehen – miteinander kombiniert. Es handelt sich um einen Distanzversuch über drei 12 Meter voneinander entfernte Räume hinweg. In einem Raum hatte der Assistent zehn Päckchen Karten mit einer zufälligen Reihenfolge der Symbole verdeckt vor sich, in der Telepathie-Situation nahm er eine Karte, betrachtete das Zielsymbol, sprach die Bezeichnung in ein vor ihm stehendes Mikrophon, drückte auf einen Knopf und löste damit im Raum des »Empfängers« ein Signal von konstanter Länge und Tonhöhe aus, was den Beginn einer Sendung ankündigte. Der Empfänger spricht das vermittelte Zielsymbol in ein Mikrophon, der Sender hört seine Antwort, so daß er weiß, ob er das richtige oder ein falsches Symbol genannt hat. Alles wird auf Tonband aufgenommen; zwischen Sender und Empfänger besteht natürlich keine Sprechverbindung. In dieser Versuchsanordnung erzielte der junge Mann mit fünf Versuchspersonen so viele Treffer über der Zufallserwartung, daß die statistisch errechnete »Antizufallswahrscheinlichkeit« den außerordentlich hohen Wert von $1:10^{29}$ erreichte, eine Zahl mit dreißig Nullen. So oft müßte man den Versuch wiederholen, damit das Resultat einmal als Zufallsergebnis herauskommt. Nun kombinierten wir das telepathie-ermöglichende Anschauen der Karten mit der Hellseh-Situation: In bestimmten Versuchsgängen schaute der

Assistent ohne Wissen der Versuchsperson die Karten nicht an, sondern gab lediglich das Aufforderungssignal, ein Symbol zu nennen. Diese Versuchsreihen – in gleicher Zahl wie die Telepathieserien – ergaben ein rein zufälliges Resultat; die Information wurde also telepathisch übertragen und nicht hellseherisch erfaßt. Nach einigen Monaten erzielte dieser Assistent in diesem Schaukel-Experiment nur noch Zufallsergebnisse.

Dieses plötzliche Ausbleiben positiver Resultate ist nahezu die Regel und liegt als Schatten auf der ganzen parapsychologischen Forschung; positive Ergebnisse sind nicht beliebig wiederholbar. Sie sind von komplizierten Bedingungen abhängig, die wir nur zum Teil kennen. Eine solche Bedingung ist eine starke Spannung, ein emotionales Interesse, ein affektives Feld zwischen Sender und Empfänger. Routine, Langeweile, Sättigung bringen das Paranormale zum Erliegen.

Erklärungshypothesen für das rätselhafte Phänomen der außersinnlichen Wahrnehmung setzen hauptsächlich bei der Telepathie an, von der man schon Ende des 19. Jahrhunderts vermutete, daß vom Gehirn ausgehende elektromagnetische Wellen die Information übertrügen [1]. Sowjetische Forscher haben unter Leitung des Physiologen Leonid Wassiliew in den dreißiger Jahren diese Hypothese besonders eingehend geprüft: Sie arbeiteten mit drei Versuchspersonen, die auf Distanz durch telepathisch gegebene Suggestionen in Hypnose versetzt und wieder aus der Hypnose herausgeführt werden konnten. Nach einer genügenden Zahl von Erfolgen mit dieser sogenannten »hypnogenen Methode« schlossen sie Sender und Empfänger in Bleikammern ein, die als Faradaysche Käfige die in Frage kommenden elektromagnetischen Wellen abschirmten. Zu ihrer Überraschung waren die Versuche weiter erfolgreich. Erst bei dem politischen Tauwetter, 1959, konnten die Ergebnisse veröffentlicht werden; sie erregten ein außerordentliches Interesse in der Sowjetunion, zumal auch von gelungenen Versuchen über eine Entfernung von 1700 km von Sebastopol nach Leningrad berichtet wurde. Die sowjetischen Forscher bestätigten die Existenz der von ihnen »Bioinformation« genannten psychischen Fernwirkung und erklärten, sie als Materialisten könnten sich die Übertragung nur als einen energetischen Vorgang vorstellen, müßten aber zugeben, daß die

18

Hypothese eines Radios des Gehirns nahezu ausgeschlossen sei. Die bald nach der Veröffentlichung erfolgte Gründung eines Instituts zur Erforschung der Bioinformation an der Universität Leningrad hatte wohl auch den Zweck zu erforschen, ob Telepathie für eine praktische Informationsübermittlung verwendet werden kann.

Auch die Versuche, die beim Mondflug von Apollo 14 durch Captain Dr. Mitchell als telepathischem Sender mit einem Empfänger in Chicago angestellt wurden[2], dienten wohl ebenfalls der Erhellung dieser praktischen Frage.

Bei der Präkognition, dem Vorauswissen des Zukünftigen, ist keine Wellentheorie denkbar, da ein noch nicht existierendes Ereignis nicht gegen den Strom der Zeit physikalische Ursache eines ihm vorauslaufenden Eindrucks sein kann.

Das Rätsel der Prophetie

Es macht außerordentliche Schwierigkeiten, sich von der Realität eines so beunruhigenden Phänomens, wie es das Vorauswissen ist, überzeugen zu lassen. Vergegenwärtigen wir uns noch einmal die Definition: Unter Präkognition versteht man das Vorauswissen eines zukünftigen Vorgangs, von dem keine zureichenden Gründe bekannt sind, die ihn herbeiführen können, und der auch nicht als Folge des Vorauswissens, als »Erfüllungszwang«, eintritt. Ein so definiertes »Hellsehen in die Zukunft« wäre seinem Wesen nach ein nicht-kausaler Vorgang. Ein in der Zukunft liegendes Ereignis kann nicht gegen den Strom der Zeit energetische Ursache eines vorher entstandenen Eindrucks sein. Während bei der Telepathie, der direkten Informationsübertragung von Psyche zu Psyche, ein energetischer Übermittler der Information immerhin denkbar ist, kann man sich für die Präkognition kein physikalisches Modell nach unseren heutigen Anschauungen vorstellen. Das Bedürfnis nach immer erneuten Beweisen für die Realität des »Sprungs über die Zeit« ist bei den Parapsychologen genauso groß wie bei den Abwartenden.

Den stärksten Eindruck für die Realität der Präkognition gaben mir Versuche aus dem Bereich der vorher erwähnten dritten Forschungsquelle der Parapsychologie: Untersuchungen mit sogenannten Medien oder Sensitiven, bei denen Grund zur Vermutung besteht, daß sie über besonders starke paranormale Fähigkeiten verfügen. Solche Versuche, in lebensnahen Situationen durchgeführt, liefern zunächst ein qualitatives Material, das man aber auch für eine quantitative Auswertung bearbeiten kann.

Für das Rätsel der Prophetie überaus aufschlußreich ist das sogenannte »Platzexperiment« des holländischen Sensitiven Gerard Croiset; Croiset wird von meinem holländischen Kollegen Willem C. Tenhaeff und von mir seit vielen Jahren untersucht. Er unternimmt es vorauszusagen, wer bei einer zukünftigen Veranstaltung auf einem bestimmten, entweder frei oder durch das Los gewählten Stuhl sitzen wird. Er beschreibt die äußere Erscheinung der »Zielperson« und schildert kleine, meist affektiv betonte Erlebnisse, die die Identifikation ermöglichen sollen. Die methodische Schwierigkeit dieser Versuche besteht in dem Nachweis, daß die Schilderung für die Zielperson charakteristisch ist und nicht auch für andere Personen zutrifft. Bei ersten, sogenannten Erkundungsexperimenten, die Tenhaeff und ich gemeinsam in Pfälzer Volkshochschulen veranstalteten, zeigte sich, daß sehr spezifische Voraussagen für einen künftigen Platzinhaber gemacht wurden. Croiset wurde ein Stuhl-Plan vorgelegt, auf dem er nach seinem Ermessen einen Sitzplatz ankreuzte. Über die Person, die am nächsten Tage in einer jeweils anderen Stadt darauf sitzen würde, machte er in einem ganz normalen Zustand – meist eine Zigarette rauchend – auf Tonband Voraussagen.

Nach sehr eindrucksvollen Erfolgen in Kaiserslautern und Neustadt an der Weinstraße komplizierte Croiset das Verfahren für die letzte Station Pirmasens. Er koppelte nämlich das Platzexperiment mit einem sogenannten »Greifversuch«: Die Teilnehmer der Veranstaltung sollten vor seinem Erscheinen Gegenstände abgeben, die in einem Nebenraum deponiert wurden; wenn er die Zielperson des von ihm auf dem Stuhl-Plan eingezeichneten Platzes richtig bestimmt habe, solle diese nach ihrer Wahl einen beliebigen Gegenstand aus den deponierten Objekten greifen; er wolle es unternehmen vorauszusagen, welche »Sphäre« mit diesem Gegenstand verbunden sei. Für das Objekt, das in Pirmasens nach freier Wahl der Zielperson auf dem vorausgesagten Platz gegriffen werden würde, sagte er in Neustadt voraus: »Ich sehe ein Haus, das auf einer Anhöhe steht. Hat man in dem Hause über Kurzwellenbestrahlung gesprochen wegen Schmerzen in der Lendengegend? Das ist schon lange Zeit her, ja. Waren die früheren Bewohner dieses Hauses sehr orthodox? Ein verstimmtes Klavier, speziell an der rechten Seite ist es verstimmt, ich sehe besonders die rechten Tasten.« (Bender: Die sehen Sie?) »Die sehe ich, ja, die sind etwas gelb geworden. Ist dennoch auf diesem verstimmten Klavier eine Sonate von Beethoven gespielt worden? Ich bekomme den Eindruck, daß trotz diesem Verstimmtsein gespielt worden ist, und diese Dame hat sich etwas dabei geärgert, darum sehe ich das. In der Nähe dieses Hauses ist ein in die Höhe führender Landweg, ich sehe eine Einbuchtung.«

Die Angaben Croisets erwiesen sich als zutreffend. Augenschein und Exploration ergaben, daß das Haus, in dem die Zielperson – sie hatte aus den abgegebenen Gegenständen ein rotes Brillenfutteral gewählt – wohnte, tatsächlich auf einer Anhöhe steht, daß davor eine Einbuchtung ist, von der ein kleiner Weg zu einem höher gelegenen Kinderspielplatz führt. Die Mutter von Frau F. litt seit einiger Zeit an einer Nierenentzündung, der Arzt hatte Bestrahlungen empfohlen. Das Haus ist ein Doppelhaus: Einige Familienmitglieder des Inhabers des anderen Hausteils sind – wie Frau F. berichtete – »auf eine besondere Art fromm, man kann wohl sagen ›orthodox‹«. Im Zimmer, in dem die Exploration vorgenommen wurde, stand ein besonders im Diskant verstimmtes Klavier. Auf diesem hatte Frau F. vor kurzem eine Sonate von Beethoven angefangen, aber wegen des Mißklangs abgebrochen, was – von ihr wiederholt – dokumentarisch auf Tonband festgehalten wurde.

In der Bewertung solcher Versuche kommt die Einstellung des Urteilenden gegenüber dem parapsychologischen Fragenkomplex gewöhnlich deutlich zum Ausdruck. Skeptiker mögen sagen: Wieviele Häuser stehen nicht auf einer Anhöhe oder enthalten nicht ein verstimmtes Klavier, auf dem eine Beethoven-Sonate gespielt wurde? Und so weiter. Wer so argumentiert, verkennt in einer Art künstlicher Gestaltblindheit, daß hier Strukturzusammenhänge in Frage stehen, die nicht für beliebige Personen vorausgesagt worden sind, sondern in einer ganz spezifischen, eine paranormale Leistung fordernden Situation für Personen, die bei einer bestimmten Veranstaltung auf einem bestimmten Stuhl sitzen werden und dann nach freier Wahl ein Objekt greifen werden. Die hier nicht wiedergegebene erste Aussagenkonfiguration, die zur Identifizierung der Platzinhaberin führte, wird durch die zweite Aussagenkonfiguration, die Gegenstandsvoraussage, bekräftigt. Diese vom Sensitiven »auf Bestellung« gelieferten Aussagen bilden einen verständlichen Zusammenhang, dessen zufälliges Zustandekommen in einem sehr hohen, aber nicht formelhaft ausdrückbaren Grade unwahrscheinlich ist.

In späteren Untersuchungen, die diese Leistungen bestätigten, wurden statistische Verfahren angewandt, um Maßzahlen für die Spezifität der Aussagen zu gewinnen, die auf alle Teilnehmer des Experiments und auf eine Kontrollgruppe bezogen wurden. Es festigte sich der Eindruck, daß Croiset präkognitiv mit einem zukünftigen, später immer durch das Los gewählten Platzinhaber, einer Zielperson, in Kontakt kommt und dann über sie Aussagen macht, die an eine telepathische Verbindung denken lassen. Es zeigte sich, daß Croiset um so stärker auf eine zukünftige Zielperson reagiert, je größer die Ähnlichkeit zwischen seinen und ihren Gefühlserlebnissen ist. Die paranormale Leistung spielt sich in einem »affektiven Felde« ab; das affektive oder gefühlsgeladene Feld ist eine der wesentlichsten Bedingungen für das Entstehen paranormaler Phänomene.

Die Frage der Präkognition wird auch mit quantitativ-statistischen Verfahren untersucht. J. B. Rhine veröffentlichte seit 1938 Ergebnisse von Präkognitionsversuchen, die als positiv bezeichnet wurden. Man benützte für diese Experimente dieselben Karten, die auch für Hellsehversuche gebraucht wurden: die bekannten fünf Symbole – Kreuz, Kreis, Wellenlinie, Quadrat und Stern. Versuchspersonen konnten mit überzufälligen Ergebnissen, die allerdings selten über einer Anti-Zufallswahrscheinlichkeit von 1:100 lagen, angeben, wie die Karten liegen werden, wenn sie ein bis zehn Tage nach der Aussage maschinell gemischt und nach einem Zufallsschlüssel abgehoben wurden.

Solche Laboratoriumsversuche haben nach meinen Erfahrungen nur dann eine Chance, erfolgreich zu sein, wenn es gelingt, ein intensives »affektives Feld« herzustellen. Das gelang im Freiburger Institut für Grenzgebiete der Psychologie besonders gut mit einem Studenten und drei Studentinnen der Psychologie, die miteinander befreundet waren und eine emotionale Gruppe bildeten. Der Versuchsplan berücksichtigte diese Gruppenstruktur und sah eine aufgelockerte Situation vor: Es wurden vor den Experimenten anregende Musikplatten gespielt, Wein getrunken und ein Wettstreit unter den Teilnehmern für die bevorstehenden Versuche angeregt. Alle Formen der außersinnlichen Wahrnehmung wurden getestet, wobei die Telepathie- und Hellsehversuche nach rhythmischen Klopfzeichen durchgeführt wurden, auf die sich Versuchsleiter und Gruppenteilnehmer einstimmten. In der Präkognitions-Situation notierten die Teilnehmer für jeden Versuchsdurchgang 25 Symbole, die sie für die richtigen hielten, nach rhythmischem Klopfen. Die Symbole – die oben erwähnten fünf geometrischen Zeichen – wurden dann von einem Zufallsgenerator abgerufen und den Versuchspersonen im selben Rhythmus mitgeteilt. Es zeigte sich, daß bei einer Störung des Rhythmus die Treffer absanken oder ausblieben. Der Student und eine Studentin gingen als Sieger aus dem Wettstreit hervor; sie erreichten in allen Formen der außersinnlichen Wahrnehmung sehr hohe überzufällige Resultate, der Student bei der Präkognition 1:25 000 und die Studentin gar 1:10^{12}, was bedeutet, daß man den Versuch so oft wiederholen müßte, wie eine Zahl 1 mit 13 Nullen angibt, um das Resultat einmal als zufälliges zu erreichen. Diese erstaunlichen Erfolge bei der Voraussage, wie von einem Zufallsgenerator abgerufene Zeichen aufeinanderfolgen werden, sind die höchsten bisher veröffentlichten Trefferzahlen. Daß die beiden Versuchspersonen in allen Formen der außersinnlichen Wahrnehmung sehr hohe überzufällige Resultate erzielten, paßt in die Hypothese, daß Telepathie, Hellsehen und Präkognition keine selbständigen »Urphänomene« sind, wie der Philosoph Hans Driesch es 1932 formulierte, sondern Aspekte einer psychischen Grundfunktion »Psi«, die anscheinend von den raum-zeitlichen Dimensionen unabhängig ist.

Im Bereich der spontanen Phänomene – den Berichten über außergewöhnliche Erlebnisse, der ersten Forschungsquelle der Parapsychologie – ist der Anteil vermutlich präkognitiver Vorgänge recht hoch. In einer Stichprobe von 1500 Fällen des Freiburger Instituts für Grenzgebiete der Psychologie betrug er 39 Prozent. Natürlich haftet solchen Berichten über Vorschauerlebnisse immer der Zweifel an, ob sie wirklich exakt wiedergeben, was sich tatsächlich ereignet hat. Die besten Fälle sind solche, bei denen von dem Erlebnis – einer Ahnung, einer Vision, einem Traum – möglichst sofort eine schriftliche Aufzeichnung gemacht wurde und wo auch für die Erfüllung objektive Dokumente beigebracht werden können. Solche Fälle sind selten.

Die sicherste Methode zur Untersuchung solcher »spontanen Phänomene« ist die sogenannte »erwartende Beobachtung«: Man bittet Berichterstatter, die im Verdacht stehen, öfters paranormale Träume zu haben, dem untersuchenden Institut regelmäßig Traumaufzeichnungen zur Archivierung zuzuschicken, ein genaues Tagebuch über ihre Erlebnisse zu führen und das Institut sofort zu benachrichtigen, wenn sie meinen, ein Traum habe sich wieder erfüllt; dann kann man mit Stichproben kontrollieren.

Wir führen ein solches Experiment in erwartender Beobachtung seit 1953 mit der Hamburger Schauspielerin Frau Christine Mylius durch. Von den über 2000 Träumen, die wir mittlerweile in unserem Archiv gesammelt haben, stehen mindestens 7 Prozent im Verdacht, paranormale Informationen zu enthalten, die sich hauptsächlich auf zukünftige Lebenssituationen beziehen. In der Serie von zwölf Träumen, die unter dem Stichwort »Der Fall Gotenhafen« bekannt geworden ist, konnte nachgewiesen werden, daß Vorgänge bei den Dreharbeiten eines Films und Szenen dieses und eines gleichzeitig gedrehten anderen Films hier bis zu einem halben Jahr vor den Ereignissen vorausgeträumt worden waren.

Bei qualifizierten Zeugen können aber auch Erlebnisberichte, die nicht mit der Methode der erwartenden Beobachtung gewonnen worden sind, eindrucksvolle Hinweise auf die rätselhafte Präkognition geben.

Experimentelle Psychokinese und spontane PK-Phänomene

Ungeklärte physikalische Geschehnisse, die an Menschen gebunden scheinen, gaben den Anlaß, die als Psychokinese (PK) bezeichnete Hypothese aufzustellen: die paranormale Wirkung auf materielle

Systeme. Zu diesem Bereich gehören: das angebliche Stehenbleiben von Uhren oder Zerbrechen von Spiegeln zur Zeit eines Todesfalls, die immer wiederkehrenden physikalischen Erscheinungen des umstrittenen »Spuks« und weiter unerklärliche Bewirkungen, die an ganz wenige Individuen, die sogenannten »physikalischen Medien«, geknüpft sind. Auch logische Überlegungen führten zur PK-Hypothese: Im normalen Verhalten sind Wahrnehmung und motorische Reaktion auf das engste verbunden. Diese Verschränkung legt nahe, auch bei der außersinnlichen Wahrnehmung eine paranormale Verschränkung von Eindruck und Wirkung zu vermuten.

Für die Untersuchung der PK-Hypothese wurde das statistische »Duell mit dem Zufall« viele Jahre lang in der Hauptsache mit Würfeln ausgefochten. Nach einem Bericht von J. G. Pratt »Der Stand der Psychokinese-Forschung«[3] erbrachten die ersten PK-Tests (Parapsychologisches Laboratorium der Duke-Universität, seit 1934) statistisch hochsignifikante Ergebnisse. Versuchspersonen sollten erreichen, daß bei fallenden oder bei in einem Drahtzylinder rotierten Würfeln bestimmte Punktzahlen überzufällig nach oben zu liegen kommen. Die Experimentatoren des Duke-Laboratoriums rechneten damit, daß die PK-Hypothese als Provokation empfunden würde. Viele Menschen sind bereit, der Psyche außergewöhnliche Wahrnehmungsfähigkeiten zuzugestehen, sträuben sich aber hartnäckig, sich mit außergewöhnlichen Wirkungen auf die Materie zu befassen. Die PK-Ergebnisse wurden daher 1934 bis 1942 nur inoffiziell einigen wenigen Interessenten mitgeteilt. Als man dann den Grad der Bestätigung für ausreichend hielt, um eine Veröffentlichung zu wagen, fand man bei der vergleichenden Bearbeitung der Protokolle eine unerwartete Bestätigung der PK-Hypothese, die sogenannten »Positionseffekte«. Es zeigte sich nämlich, daß mit großer Regelmäßigkeit die Trefferzahlen zwischen der ersten und der letzten Hälfte des Protokollbogens absanken. Die »Antizufallswahrscheinlichkeit« dieser Testdaten wurde auf 1:30 Millionen berechnet. Von Rhine und anderen Forschern wurden verbesserte automatisierte Methoden eingeführt. Die Resultate gingen zurück.

Rhine und Pratt betrachten die Ergebnisse der PK-Forschung mit Würfeln als beweiskräftig für die Hypothese einer physikalisch zur

Zeit unerklärbaren direkten menschlichen Wirkung auf materielle Systeme. Andere beurteilen die Ergebnisse zwar als ermutigend, aber noch nicht entscheidend. Neue Verfahren wurden erprobt: So berichtete ein bekannter französischer Zoologe und nach ihm der chilenische Psychiater Onetto von erfolgreichen Versuchen, psychokinetisch den Zerfall radioaktiver Substanzen zu beeinflussen. Andere verwendeten mit mehr Erfolg biologische Detektoren und legten anschaulich eindrucksvolle Untersuchungen über die psychokinetische Beeinflussung des Pflanzenwachstums oder – wie der kanadische Psychiater Grad – der Wundheilung bei Mäusen vor. Immer neue Konstruktionen von PK-Geräten (von Sanduhren bis zu komplizierten elektronischen Apparaten) wurden entworfen, doch ist man im Laboratorium bisher nicht über Spurenergebnisse hinausgekommen. Qualitative Experimente und neuerdings die Spukforschung gaben den Ausschlag, daß die Psychokinese heute als erwiesen gelten kann.

Sowjetische Forscher berichten über erfolgreiche Experimente mit dem Leningrader physikalischen Medium Nina Kulagina, die auf einem großen Tisch vor ihr liegende Gegenstände (Streichhölzer, Zigaretten, Gläser, Tassen) zu sich hin und schwieriger von sich weg bewegen kann. Filmische Dokumente, unter der Kontrolle von Physikern aufgenommen, demonstrieren eindrucksvoll das Phänomen, das früher schon von zahlreichen anderen physikalischen Medien behauptet wurde, aber immer umstritten war. Der 1929 gestorbene Münchner Arzt von Schrenck-Notzing hat sein Lebenswerk dem »physikalischen Mediumismus« gewidmet.

Viel diskutiert werden neuerdings vermutlich psychokinetische Photographien eines aus Chicago stammenden Gelegenheitsarbeiters Ted Serios; der Denver Psychoanalytiker Jule Eisenbud veröffentlichte 1967 eine Monographie »The World of Ted Serios«, in der reiches Material über solche unerklärlichen »Psychophotographien« vorgelegt wird. Zu den Versuchen wird eine auf unendlich eingestellte Polaroidkamera verwendet, die auf den Kopf von Ted Serios gerichtet ist; die Bilder entstehen im Augenblick einer Blitzlichtauslösung und zeigen die verschiedenartigsten Motive, die teils gewünscht wurden oder aber spontan erscheinen. Ein analoges Phänomen im Bereich des Akustischen sind unerklärliche Stimmen auf Tonband, wie sie erstmals von dem schwedischen Maler Friedrich Jürgenson aufgezeichnet und dann auch von anderen erhalten und – unbeweisbar – als Stimmen von Verstorbenen gedeutet wurden. Der Nachweis, daß es sich um physikalisch vorläufig unerklärliche objektive Schallereignisse handelt, ist unter Verwendung modernster technischer Hilfsmittel – darunter einer Apparatur zur Aufzeichnung von »visible speech-diagrams« – gelungen.[4]

Die seit der Antike bekannten und schon in früheren Jahrhunderten umstrittenen »Spuk«-Phänomene werden heute von der Parapsychologie mit modernen Methoden international untersucht.[5] Was landläufig als Spuk bezeichnet wird, steht im Verdacht, eine wiederkehrende spontane Psychokinese zu sein, die – wie die Erfahrung zeigt – vielfach von pubertierenden Jugendlichen abhängig ist. In allen Fällen, in denen von unerklärlichen Bewegungen von Gegenständen, von Klopftönen, Herunterfallen von Bildern, Zerbrechen von Geschirr, Verrücken von Möbeln und so weiter berichtet wird, muß natürlich nach normalen Ursachen geforscht werden. Oft werden erklärbare Vorgänge, wie etwa Störungen der Wasserleitung, die schlagartige Erschütterungen zu erzeugen vermögen, oder anderes mehr als »spukhafte Bewirkungen« falsch gedeutet. Auszuschließen sind natürlich betrügerische Vortäuschungen oder Manipulationen hysterischer Persönlichkeiten, die in einem Dämmerzustand mit nachfolgender Erinnerungslosigkeit »spukhaftes Geschehen« inszenieren.

Weit bekannt geworden ist der »Spuk« in einer Anwaltskanzlei in Rosenheim 1967/68, in der rätselhafte Vorgänge beobachtet wurden: An einer zweieinhalb Meter hohen Decke befestigte Neonröhren erloschen immer wieder, Elektriker stellten fest, daß sie um 90 Grad aus ihren Halterungen gedreht waren, heftige Knallerscheinungen wurden gehört, Sicherungsautomaten lösten selbständig aus, die Entwicklerflüssigkeit eines Fotokopiergerätes wurde immer wieder verspritzt, Telefonstörungen legten den Fernsprechverkehr lahm, während zugleich die Telefonrechnungen zu einer ungewöhnlichen Höhe anwuchsen. Es wurde vermutet, daß Störungen im Stromversorgungsnetz die Ursache sein müßten. Das Prüfamt der Stadtwerke stellte eine gründliche Untersuchung an: Spannungs- und Stromschreiber kontrollierten mit laufenden Aufzeichnungen das Leitungsnetz der Kanzlei, sie registrierten Vollausschläge, die die Stromstörungshypothese zu bestätigen schienen, doch fanden die Techniker die Ursache nicht. Schließlich installierten sie ein Notstromaggregat, das die Kanzlei mit Strom unabhängig vom Netz versorgte. Nun waren die Techniker ratlos. Diese Situation trafen wir an, als das Freiburger Institut, durch Zeitungsnachrichten aufmerksam gemacht, sich an der Untersuchung beteiligte. Es wurde rasch deutlich, daß es sich um psychokinetische Phänomene handelte, die von der neunzehnjährigen Büroangestellten Annemarie abhingen. Die Ausschläge der Meßinstrumente traten nur auf, wenn sie sich in der Kanzlei befand, Hängelampen begannen hinter ihr zu schwingen, wenn sie durch die Gänge ging.

Zwei Physiker, Dr. Karger und Diplomphysiker Zicha, untersuchten auf meine Bitte die Ausschläge der Meßinstrumente. Sie prüften jede mögliche physikalische Ursache – Netzspannungsänderungen, elektrostatische Aufladungen, äußeres statisches Magnetfeld, Infra- und Ultraschall, starke Erschütterungen und vor allem auch eine betrügerische Manipulation. Als Ergebnis der Untersuchungen veröffentlichten sie das folgende Résumée: Erstens: Eine Beschreibung der Phänomene mit vorhandenen Prinzipien der Physik ist nicht möglich; zweitens: die Phänomene erscheinen als Ausdruck nicht periodischer, kurzzeitig wirkender Kräfte; drittens: die Ausführung dieser Bewegungen scheint vor allem bei den Telefonstörungen von intelligent gesteuerten Kräften herzurühren.

Die vermuteten technischen Störungen hatten sich als Spuk erwiesen. Nun begann eine Eskalation: Bilder drehten sich an den Wänden oder fielen herunter, Schubladen schoben sich vor den Augen eines Physikers – Professor Büchels – selbständig aus den Führungen, schließlich bewegte sich ein dreieinhalb Zentner schwerer Aktenschrank zweimal um 30 Zentimeter. Als Annemarie auf mein Betreiben in einer anderen Kanzlei untergebracht wurde, hörten die Erscheinungen im Büro des Rechtsanwalts A. schlagartig auf und begannen in milderer Form, langsam ausklingend, an dem neuen Arbeitsplatz. Doch blieben dort die Telefonstörungen aus, die unter anderem dazu geführt hatten, daß – vom Fernmeldeamt durch ein automatisches Prüfgerät kontrolliert – oft in einer Minute bis zu sechsmal die Zeitansage 0119 angewählt wurde. Nachweislich hatte aber niemand das Telefon betätigt.

Die Physiker nehmen auch hier einen psychokinetischen Einfluß Annemaries auf bestimmte, dem Mädchen sicher unbekannte Federn im Innern des Telefongehäuses an. In Diskussionen mit Physikern wurde als hypothetisches Denkmodell erörtert, daß spukauslösende Medien vielleicht nicht selbst Erzeuger der vorläufig unbekannten »psychokinetischen Energie« sind, sondern daß sie vorhandene Energie organisieren. So ließe sich vielleicht im Falle Rosenheim die Bewegung des schweren Aktenschrankes verstehen, die die Körperkräfte des Mädchens bei weitem überstieg. Doch sind dies vorläufig nur Spekulationen, die vielleicht geeignet sind, Hinweise für experimentelle Untersuchungen zu geben. Diese sind aber noch schwieriger als im Bereich der außersinnlichen Wahrnehmung, da für massive psychokinetische Phänomene anscheinend eine besonders affektiv gespannte Situation und vielleicht unbewußte Interaktion mehrerer beteiligter Personen erforderlich sind.

Die parapsychologische Forschung wird längst nicht mehr in dem elfenbeinernen Turm betrieben, in den sie lange durch ein System von Vorurteilen eingeschlossen war. Als bedeutsamer Teilaspekt, zu dessen Untersuchung spezialistische Kenntnisse erforderlich sind, hat sie ihren Ort im Rahmen der Psychologie gefunden. Die vorwiegend unbewußte Natur der Psi-Vorgänge fordert die Tiefenpsychologie als Sicht und Methode, doch benötigt die Parapsychologie auch die Zusammenarbeit mit anderen wissenschaftlichen Disziplinen; Physik und Physiologie stehen an erster Stelle. Die Begegnung mit Nachbarwissenschaften ist eine wechselseitige. Die Parapsychologie vermag ihrerseits neue Gesichtspunkte für die Forschung in anderen Disziplinen zu vermitteln: Vordringlich stellt sich die Frage, ob sich die von vielen Forschern als atavistisch angesehenen Psi-Funktionen auch bei Tieren finden: junge Ethnologen wenden sich endlich dem Problem zu, die Magie der Primitiven oder die Zeremonien der Schamanen auch unter Psi-Gesichtspunkten zu untersuchen. In der Religionswissenschaft und Theologie stellt sich das Problem des Paranormalen im Zusammenhang mit dem Wundergeschehen einerseits und dem Versuch seiner sogenannten Entmythologisierung andererseits. Im Bereich der Medizin steht das Problem paranormaler Diagnosen und vielleicht auch Heilungen zur Diskussion.

Einer künftigen Lehre vom Menschen, einer sowohl naturwissenschaftlichen als philosophischen Anthropologie, bleibt es vorbehalten, unser empirisches Wissen von der »anderen Wirklichkeit« in seiner ganzen Tragweite einzubeziehen. Die Ordnung der körperlichen Welt und die andere Ordnung zu einer nach wissenschaftlichen Gesichtspunkten formulierten Weltauslegung zu integrieren – Wissenschaft als ein nach Prinzipien geordnetes Ganzes –, ist indessen eine noch unabsehbare Aufgabe künftiger Forschung, die alle wissenschaftlichen Disziplinen betrifft.

Anmerkungen

[1] Vgl. den in diesem Band abgedruckten Aufsatz: Hans Berger und die energetische Theorie der Telepathie, S. 31 ff.

[2] Die Resultate wurden inzwischen veröffentlicht; vgl. E. D. Mitchell: An ESP Test from Apollo 14. Journal of Parapsychology 35 (1971), S. 89–107.

[3] Deutsch in H. Bender (Hrsg.), Parapsychologie. Wege der Forschung. Bd. 4. Darmstadt [2]1971.

[4] Vgl. H. Bender, Zur Analyse außergewöhnlicher Stimmphänomene auf Tonband. Z. f. Parapsychol. u. Grenzgeb. d. Psychol. 12 (1970), S. 226–238, sowie J. Sotschek, Über Möglichkeiten der Erkennung von Sprachlauten. Z. f. Parapsychol. u. Grenzgeb. d. Psychol. 12 (1970), S. 239–254.

[5] Für das Folgende vgl. die ausführliche Darstellung in: Neue Entwicklungen in der Spukforschung, S. 40 ff. dieses Bandes.

Hans Berger und die energetische Theorie
der Telepathie

Kurz vor seinem Tode veröffentlichte der durch die Entdeckung der Hirnaktionsströme weltbekannte Neurophysiologe und Psychiater Hans Berger eine kleine Schrift »Psyche«[1]. Sie erschien 1940 am Beginn des Krieges, und es mag zu einem Teil diesem Umstand zuzuschreiben sein, daß sie nahezu unbeachtet blieb. Allerdings nur zu einem Teil, denn auch andere Gründe mögen dazu beigetragen haben, daß das kleine Buch nicht diskutiert wurde. Es behandelt ein Thema, das bei vielen Naturwissenschaftlern und Medizinern (um von den Psychologen nicht zu sprechen) ein Unbehagen auslöst: Berger bekennt sich zur Realität der Telepathie. Er beginnt seine Schrift mit dem lapidaren Satz: »Zu den immer noch umstrittenen parapsychologischen Erscheinungen gehört die echte Gedankenübertragung, und doch muß sie meiner Meinung nach auch von der Wissenschaft als Tatsache anerkannt werden!« Daß dieses Votum von einem bedeutenden Fachkollegen stammte, steigerte das Unbehagen, und der Rest war Schweigen.

Persönliche Erlebnisse haben Berger schon früh davon überzeugt, daß es Übertragungen von Informationen geben muß, bei denen »der Weg von dem einen Menschen zum andern nicht über die Sinnesorgane geht« (S. 5). Telepathische Versuche mit etwa 200 Versuchspersonen, deren Empfänglichkeit in Hypnose von Berger untersucht wurde, brachten zwar kein schlüssiges Ergebnis, doch hielt Berger Telepathie aufgrund experimenteller Untersuchungen anderer Forscher und gut dokumentierter spontaner Phänomene für endgültig erwiesen. Sein eigentliches Interesse gilt den Arbeitshypothesen, die von »der merkwürdigen Erscheinung der Gedankenübertragung« nahegelegt werden. Tischners[2] Auffassung, daß alle unsere derzeitigen naturwissenschaftlichen Erfahrungen nicht gestatten, eine ausreichende Hypothese für das Zustandekommen des telepathischen Phänomens zu bilden, lehnt Berger ab. Er unterstützt Baerwald[3], der die Meinung vertritt, die Gedankenübertragung lasse sich restlos aus unserer gewohnten Naturerkenntnis verstehen. Ausführlich referiert er die von Baerwald zitierte Hypothese von

Ochorowicz, der 1887 in seinem Werk »De la suggestion mentale« behauptete, daß bei der normalen Tätigkeit des Gehirns stets Wellen entstehen, die sich gleichmäßig im Raum ausbreiten, meist jedoch ganz unbemerkt bleiben und nur unter besonderen Bedingungen in einem zweiten Gehirn den Anstoß zu einem entsprechenden geistigen Vorgang geben. Damals war die »drahtlose Telephonie« noch nicht bekannt. Dieses, von den »Psychisten« als Analogie zum telepathischen Phänomen abgelehnte technische Modell fordert nach Berger zu einer Anwendung der dabei gewonnenen Einsichten auf die Gedankenübertragung heraus.

Hier springt nun ein Lieblingsgedanke von Berger ein, der ihn schon zu Beginn seiner wissenschaftlichen Tätigkeit beschäftigte: die Hypothese einer »psychischen Energie«[4]. In seinen »Untersuchungen über die Temperatur des Gehirn«[5] postuliert er im Anschluß an die Psychologen A. Lehmann, Külpe, Stumpf u. a. ein materielles Äquivalent der Bewußtseinsvorgänge: die psychische Energie, die physische Eigenschaften besitzt und dem Gesetz von der Erhaltung der Energie unterworfen ist (S. 124 f.). Indikator für die Energiequelle schien ihm damals der Abfall der Temperatur des menschlichen Gehirns bei geistiger Arbeit. Nach seiner Entdeckung des Elektroenzephalogramms trat der Abfall der elektrischen Spannung hinzu, der bei psychischer Tätigkeit feststellbar ist. »Wie verträgt sich nun« – fragt Berger in seiner Schrift »Psyche« – »die Annahme einer psychischen Energie mit der Tatsache einer echten Gedankenübertragung?« Er betont, daß »die von der Großhirnrinde des Menschen abzuleitenden elektrischen Spannungsschwankungen ... nicht imstande sind, sich im Raume fortzupflanzen, also auch für die Erklärung einer Fernwirkung nach unseren derzeitigen Kenntnissen nicht in Frage kommen können.« (S. 30) Die Fernwirkung muß vielmehr verknüpft sein mit einer aus der Transformation von materiellen Rindenvorgängen hervorgehenden psychischen Energie. Als ein Wirkendes, eine Kraft, ist sie imstande, eine Wellenbewegung hervorzurufen, die sich im Raum fortpflanzt und ein abgestimmtes Gehirn in seinen Vorgängen beeinflussen kann (S. 31). Die Natur dieser Energie ist unbekannt:

»Wie nun die psychische Energie auch sonst gegenüber den anderen sogenannten materiellen Energien eine Sonderstellung einnimmt, so auch bezüglich dieses uns unbekannten Überträgers von einem menschlichen Gehirn auf ein anderes. Wir können uns die Übertragung am einfachsten... als eine Wellenbewegung ähnlich den Hertzschen Wellen, doch keineswegs mit diesen als identisch vorstellen. Die Tatsache der echten Gedankenübertragung, die wir nun einmal nicht mehr leugnen können, erfordert die Annahme eines derartigen Überträgers, dem wir jedoch *physische* Eigenschaften zuschreiben, um mit unsern sonstigen naturwissenschaftlich verankerten Anschauungen nicht in einen unlösbaren Konflikt zu kommen...« (S. 31 f.)

Es wäre dem spekulativen Charakter dieser Hypothese wenig angemessen, wenn man sie in allen Einzelheiten diskutieren wollte. Aus den Eigenschaften des telepathischen Phänomens schließt Berger, daß die psychische Energie »nicht durch irgendwelche Hindernisse aufgehalten wird« (S. 14). Er geht nicht auf die Unabhängigkeit der »psychischen Fernwirkung« (zumindest der spontanen Phänomene) von der räumlichen Distanz ein, was für eine »psychische Energie« als Überträger bedeuten würde, daß sie sich nicht wie elektromagnetische Wellen verhält, mit denen sie doch eine Ähnlichkeit haben soll. Auch bleibt das Problem der »Abstimmung« der Gehirne eines Agenten und eines Perzipienten unerörtert. Es stellt sich die Frage, warum gerade der emotionale Bezug zwischen zwei Menschen das physikalische Resonanzphänomen ermöglichen soll[6]. Auch beschränkt sich Berger auf das telepathische Phänomen und geht nicht auf andere Psi-Vorgänge wie Hellsehen und Präkognition ein. Man kennt die Argumentation Rhines, daß die drei Modalitäten der außersinnlichen Wahrnehmung auf eine basale Psi-Funktion hinweisen, die er als das nicht-physikalische Wirken der Psyche bezeichnet. Mit Sicherheit trifft diese Kennzeichnung auf die Präkognition zu, bei der alle Überlegungen über eine vermutliche physikalische Beziehung zwischen zwei Gehirnen oder zwischen einem unbekannten Reiz und einem unbekannten Rezeptor hinfällig werden, da ein in der Zukunft liegender Vorgang nicht gegen den Strom der Zeit energetische Ursache eines vorher entstandenen Eindrucks sein kann.

Der englische Neurophysiologe W. Grey Walter, dessen Buch »Das lebende Gehirn«[7] die ungeheure Entwicklung der Bergerschen

Entdeckung der Hirnaktionsströme einem breiteren Leserpublikum souverän verständlich macht, gesteht in dem Kapitel »Jenseits des Wachseins«, »daß keine Untersuchung der Hirntätigkeit ein Licht auf die besonderen Verhaltensformen geworfen hat, die unter den verschiedensten Bezeichnungen als zweites Gesicht, Hellsehen, Telepathie, außersinnliche Wahrnehmung und Psychokinese bekannt sind« (S. 265). Die Eigenschaften der elektrischen Hirnmechanismen böten keine Stütze dafür, daß die elektrische Sensitivität des Gehirns ein Mittel der Kommunikation mit einem gewissen, alles durchdringenden Einfluß sein könnte. Die elektrischen Erscheinungen, die das Gehirn hervorbringt, seien äußerst gering und ihre hauptsächlichen Wellenbereiche lägen weit unterhalb der Rundfunkfrequenzen und sogar unterhalb der Grenze der Hörbarkeit. Bei 10 Hertz, der Durchschnittsfrequenz der Alpha-Wellen, hätte jedes durch den Raum übertragene elektromagnetische Signal eine Wellenlänge von dreißig Millionen Metern. Wenige Millimeter von der Kopfoberfläche entfernt, würden sie unter den Rauschpegel fallen. Ganz abgesehen von diesen physikalischen Erscheinungen, scheinen W. G. Walter die an der außersinnlichen Wahrnehmung gemachten Beobachtungen jede derartige Annäherung an das Problem auszuschließen. Er schreibt:

»... es gibt kein Anzeichen, daß das Abschirmen der Versuchsperson oder der Abstand zwischen Sender und Empfänger irgendeinen Einfluß auf die Natur oder die Vielfalt der beschriebenen Erscheinungen hätte. Weiterhin scheint es eine der wichtigsten Behauptungen aller auf diesem Gebiet Arbeitenden zu sein, daß ein Signal empfangen werden kann, bevor es übermittelt wurde. Wenn wir diese Beobachtung so übernehmen, wie sie gemeint ist, können wir sie nicht in die physikalischen Gesetze des Weltalls, so wie sie heute definiert werden, einordnen« (S. 266).

Läßt man das den Parapsychologen geläufige Argument der Präkognition einmal beiseite – Präkognition gilt als die noch weiterer Beweise bedürftige Form der außersinnlichen Wahrnehmung –, scheint eine energetische Hypothese der Telepathie schon aus physikalischen Erwägungen wenig aussichtsreich. Es bedarf dann gar nicht der philosophischen Einwände, wie sie Tischner, Driesch [8], H. H. Price [9] geltend machen: Beim Sprechen und Schreiben, bei jeder mit technischen Mitteln übertragenen Information, wird mit konventionellen Zeichen operiert, denen jeweils ein »Sinn« eindeutig zugeordnet ist. Wo aber sind beim telepathischen Phänomen die verabredeten konventionellen Zeichen, wenn etwa ein Gedanke, eine Stimmung, ein Gefühl, ein Bedeutungsgehalt übertragen werden? Driesch macht darauf aufmerksam, daß die parapsychische Strahlungshypothese die Gültigkeit des überwundenen psychophysischen Parallelismus – die völlige Übereinstimmung zwischen psychischen und physiologischen Vorgängen – voraussetzen würde. Im Zuge der Diskussion über die gleich zu erörternden Versuche von L. L. Wassiliew, Leiter des Instituts zur Erforschung der psychischen Fernwirkung an der Universität Leningrad, kam D. A. Biryukov (Korrespondierendes Mitglied der Akademie der Medizinischen Wissenschaften) von einem, dem Vitalisten Driesch entgegengesetzten Standpunkt aus, zu ähnlichen Einwänden gegen eine Strahlungshypothese. Eine Gedankenübertragung erscheint ihm unmöglich, da keinerlei wissenschaftliche Ergebnisse dafür sprechen, daß »sich alle unsere psychischen Prozesse im Aktionspotential des Gehirns widerspiegeln«. Und weiter: »Obgleich Menschen verschiedener Nationen völlig verschiedene Sprachen sprechen, gibt es in den Gehirnaktionspotentialen keine nationalspezifischen Merkmale. Es kann sie nicht geben. Infolgedessen sind alle Versuche, die beweisen sollen, daß Gedanken in diesen Aktionspotentialen repräsentiert werden, unbegründet und unwissenschaftlich.«[10]

In seinem letzten Buch »Experimentelle Untersuchungen zur Mentalsuggestion«[11] berichtet Wassiliew über die Vorgeschichte der die Telepathie anerkennenden Arbeit des Leningrader Instituts, die in engem Zusammenhang mit der Überprüfung der Strahlungshypothese steht. Als junger Physiologe trat Wassiliew 1921 in das Leningrader Hirnforschungsinstitut ein, dessen Begründer und Leiter Bechterew war. Auf dessen Initiative wurde schon 1922 eine Spezial-Kommission zur Erforschung der Mentalsuggestion gebildet, zu der auch Wassiliew gehörte. Als Bechterew 1927 starb, setzte Wassiliew seine Arbeit zunächst selbständig fort. Im Jahre 1932 wurde er von dem damaligen Leiter des Instituts, dem Psychiater W. P. Ossipow, beauftragt, nach Möglichkeit die physikalische Natur der Telepathie zu ergründen. Er sollte die Länge der elektromagnetischen Wellen bestimmen, die das »Gehirn-Radio« bilden, wenn es so etwas überhaupt gäbe. Die Aufgabe erfolgte auf die damals bekannt werdenden Untersuchungen des italienischen Psychiaters F. Cazzamali hin, der glaubte, den Nachweis geführt zu haben, daß es sich um Zentimeter- oder Meterwellen handle. Die Untersuchungen wurden von zahlreichen Kapazitäten anderer Gebiete unterstützt und erstreckten sich über 5½ Jahre bis 1938, als die Kriegs- und Nachkriegszeit sie unterbrach. 1959 erschien die erste Nachkriegsveröffentlichung Wassiliews unter dem Titel »Geheimnisvolle Erscheinungen der menschlichen Psyche«. Das Interesse, das durch diese und andere Veröffentlichungen geweckt wurde, veranlaßte die Universität Leningrad zur Einrichtung eines Speziallaboratoriums im Physiologischen Institut der biologischen Fakultät.

In einer Arbeit »Ausstrahlung von ›Gehirnwellen‹ bei telepsychischen Versuchen«[12] hatte Cazzamali 1925 behauptet, den »einwandfreien« experimentellen Nachweis erbracht zu haben, »daß von der menschlichen Versuchsperson unter bestimmten psychischen Bedingungen – und zwar vom Gehirn aus – elektromagnetische Strahlungen ausgehen und zwar vom Typ der Radiowellen«. Diese sollten unter anderem die telepathischen Übertragungen ermöglichen. Cazzamalis Befunde konnten – wie Berger erwähnt (S. 31) – von anderen Forschern nicht bestätigt werden. Berger selbst hat seiner Zeit »auf dringendes Abraten von seiten gewiegter Elektrophysiker von solchen Versuchen Abstand genommen«.

Als eines der wesentlichsten Ergebnisse seiner telepathischen Versuche, von denen die mentalsuggestive Herbeiführung des hypnotischen Zustandes am erfolgreichsten war, bezeichnet Wassiliew die Tatsache, daß eine Abschirmung der Versuchspersonen durch einen Faradayschen Käfig keinen Einfluß auf die Ergebnisse hatte. »Daraus folgt«, schreibt er, »daß die Gehirn-Radiowellen von Cazzamali, wenn es sie wirklich gibt, keine Beziehung zum Phänomen der psychischen Fernwirkung haben.« Über die Frage nach der Natur des beteiligten übertragenen Faktors äußert er sich in seinem populären Buch »Experimentelle Untersuchungen zur Mentalsuggestion«, er könne für den Materialisten nur energetischer Natur sein. Die Leningrader Versuche stellten die elektromagnetische Hypothese in Zweifel, da Wellen kürzerer oder mittlerer Länge mit

Sicherheit abgeschirmt worden seien und eine Schwächung eventueller langer Wellen nicht beobachtet worden sei. Es sei nicht gelungen, eine Abhängigkeit von der Distanz festzustellen (Versuche wurden bis zu einer Entfernung von 1700 km vorgenommen). Der beteiligte, vermutlich energetische Faktor habe die charakteristischen Eigenschaften, sich über große Entfernungen auszubreiten und beliebige Hindernisse zu überwinden. »Das bedeutet, daß man irgend etwas anderes, Neues suchen muß. In der Geschichte der Wissenschaft ist es schon mehrmals geschehen, daß das Finden neuer Tatsachen, die durch das bisher Bekannte nicht erklärbar waren, die Eröffnung unvorhersehbarer Seiten des Daseins mit sich gebracht hat.«[13]

In völligem Gegensatz zu den Ergebnissen von Wassiliew stehen Veröffentlichungen des polnischen Geophysikers Stefan Manczarski (Warschau), über die die »Zeitschrift für Radiästhesie«[14] und Borzymowski im »International Journal of Parapsychology«[15] berichten. An die Strahlungshypothese seines Landsmanns Ochorowicz anknüpfend, hat Manczarski telepathische Experimente zur Stützung der elektromagnetischen Wellentheorie vorgenommen und die Resultate 1946 in polnischer Sprache in einem Buch »Die Telepathie-Übertragung im Lichte der radiotechnischen Untersuchungen« publiziert. Beliebigen Versuchspersonen wurden geometrische Objekte übertragen, die Ergebnisse wurden statistisch ausgewertet. Aufgrund zahlreicher Experimente soll sich ergeben haben, daß der »Telepathiebereich« bei solchen Versuchspersonen vier Meter nicht übersteigt. Bei Kollektivversuchen könne der Bereich größer sein. Werde der Kopf des Senders oder Empfängers durch einen Metallhelm abgeschirmt, lasse sich keine Übertragung mehr erzielen. Manczarski glaubt, durch seine Versuche bewiesen zu haben, daß die Übertragungsenergie vom Gehirn erzeugte elektromagnetische Wellen mit breitem Spektrum seien. Für den Empfang käme ein Wellenbereich von 10 m bis 15 000 m in Frage. Wegen der Geringfügigkeit der Energie könnten die telepathischen Emissionen nicht mittels der heute angewandten Radioempfänger festgestellt werden. Ein in der Nähe des Empfängers tätiger Ruhmkorff-Induktor störe oder verhindere die Transmission, eine Verbindung des Kopfes von Agent und Perzipient durch eine Schleife aus isoliertem Draht erleichtere sie und ermögliche Übertragungen über wesentlich größere Entfernungen als vier Meter. Ein Zukunftsproblem für die praktische Anwendung der Telepathie sei eine angemessene Verstärkung der Hirnaktionsströme. Ein Ingenieur, Krzystof Jach, hat dieses Problem der Verstärkung aufgenommen: »seine Untersuchung hat die Existenz der Telepathie voll bestätigt und die Tendenz, die Hypothese der elektromagnetischen Wellen zu akzeptieren, verstärkt« (Borzymowski, S. 71).

Auch ohne Kenntnis der genauen Daten lassen sich gegen die Schlußfolgerungen Manczarskis grundsätzliche Bedenken erheben: die sich widersprechenden Ergebnisse von ihm und Wassiliew — Abhängigkeit bzw. Unabhängigkeit des telepathischen Phänomens von der Abschirmung elektromagnetischer Wellen kurzer und mittlerer Länge — haben in bezug auf ihre Beweiskraft ein ganz verschiedenes Gewicht. Wassiliew hat durch den Nachweis[16], daß die Abschirmung eines Perzipienten durch einen Faradayschen Käfig den telepathischen Effekt nicht beeinträchtigt, objektiv demonstriert, daß die von der Abschirmung betroffenen elektromagnetischen Wellen nicht Träger der telepathischen Information sein können. Manczarski hingegen demonstriert durch die Abschirmung eine subjektive Reaktion seiner Versuchspersonen: das Aufhören des telepathischen Effekts. Ein solcher Befund kann ausschließlich psychologische Gründe haben: die Meinung etwa der Versuchspersonen, unter den veränderten Bedingungen könne keine Übertragung mehr zustandekommen oder eine »psychische Infektion« durch die Arbeitshypothesen des Experimentators. Diese kann bei »unwissentlichen Experimenten« auch unbewußt auf telepathischem Wege erfolgen. Die den Erfahrungen zahlreicher parapsychologischer Forscher widersprechenden Beobachtungen des polnischen Experimentators — 4 m-Bereich, Erleichterung durch eine Drahtverbindung — legen eine solche Interpretation sehr nahe. Sie vermögen die energetische Hypothese der Telepathie nicht zu stützen. Diese kann nur noch dazu anregen, nach einem unbekannten energetischen Faktor zu suchen.

Anmerkungen

[1] H. Berger, Psyche. Jena 1940.

[2] R. Tischner, Über Telepathie und Hellsehen. Wiesbaden 1921.

[3] R. Baerwald, Die intellektuellen Phänomene. In: Der Okkultismus in Urkunden. Bd 1. Berlin 1925.

[4] Der ideengeschichtlichen Verwurzelung dieser Hypothese ist – unter Heranziehung der noch unveröffentlichten Tagebücher Hans Bergers – der Medizinhistoriker Martin Schrenk nachgegangen; vgl. M. Schrenk, Hans Bergers Idee von der ›psychischen Energie‹. Zur ersten Publikation Über das Elektrenkephalogramm des Menschen« vor 40 Jahren. In: Der Nervenarzt 41 (1970), S. 263–273.

[5] H. Berger, Untersuchungen über die Temperatur des Gehirns. Jena 1910.

[6] Der an der Parapsychologie interessierte englische Neurologe John Eccles äußert sich über vermutliche kortikale Funktionen, die das Gehirn für parapsychische Phänomene empfänglich machen können. Doch berührt auch er nicht das Problem der individuellen Resonanz. Vgl. J. Eccles, The Neurophysiological Basis of Mind. Oxford 1953, S. 261 ff.

[7] W. G. Walter, Das lebende Gehirn. Köln, Berlin 1961.

[8] H. Driesch, Parapsychologie. Die Wissenschaft von den »okkulten« Erscheinungen. Zürich ³1952. (Neuausgabe als Taschenbuch der Reihe »Geist und Psyche«, Bd. 2030, München 1967.)

[9] Zu Price vgl. R. Amadou, Das Zwischenreich. Baden-Baden 1957, S. 395.

[10] D. A. Biryukov, Telepathie ist unmöglich. In: Neue Wissenschaft 10 (1961/62), 1, S. 31 f.

[11] L. L. Wassiliew: Experimentelle Untersuchungen zur Mentalsuggestion. Bern und München 1965.

[12] F. Cazzamali, Ausstrahlung von »Gehirnwellen« bei telepsychischen Versuchen. In: Z. f. Parapsychologie 1 (1926), S. 65–76 und 129–138.

[13] L. L. Wassiliew, Theoretische Bedeutung und praktische Anwendung der psychischen Fernwirkung. In: Neue Wissenschaft 11 (1963), 2, S. 57–68.

[14] S. Manczarski, Die Telepathieübertragung im Lichte radiotechnischer Untersuchungen. In: Zeitschrift für Radiästhesie 14 (1962), 2, S. 67–72.

[15] A. Borzymowski, Parapsychology in Poland. A Historical Survey. In: Int. Journ. of Parapsychol. 4 (1962), 4, S. 59–74.

[16] L. L. Wassiliew, Biologische Radio-Kommunikation – ein atavistischer Rückfall. In: Neue Wissenschaft 10 (1961/62), 1, S. 37–39.

Neue Entwicklungen in der Spukforschung [*]

Spukphänomene oder »wiederholte spontane Psychokinese« (RSPK = Recurrent Spontaneous Psychokinesis), wie der wissenschaftlicher klingende Begriff jetzt lautet, sind immer noch lebhaft umstritten. Es widerstrebt Laien und Wissenschaftlern offenbar weniger, unerklärliche Begebenheiten im Bereich der sog. außersinnlichen Wahrnehmung zu akzeptieren als Vorkommnisse, die die geheiligten Gesetze verletzen, denen das Verhalten physischer Objekte unterworfen ist. Der gesunde Menschenverstand fühlt sich beleidigt, wenn Beobachter versichern, daß sie Zeugen von Spukphänomenen wurden und sahen, wie Haushaltsgegenstände durch die Zimmer flogen, Tassen und Teller von den Regalen sprangen, Bilder von den Wänden fielen oder sich drehten, Möbelstücke verstellt wurden und Porzellan in Stücke zerbrach, ohne daß irgendein Grund feststellbar war. Noch größeren Anstoß erregen Berichte über Objekte, die in verschlossene Räume eindringen sollen oder aus zugesperrten Schränken kommen.

Vor einigen Jahren hat ein Institut für Demoskopie in Zusammenarbeit mit dem Freiburger Institut für Grenzgebiete der Psychologie eine repräsentative Bevölkerungsumfrage über die Einstellung der westdeutschen erwachsenen Bevölkerung zu Spukphänomenen durchgeführt[1]. Es zeigte sich, daß 71 % der Befragten solche angeblichen Erscheinungen für reinen Aberglauben hielten, 18 % waren überzeugt, daß solche seltsamen Dinge wirklich geschehen, während 11 % sich der Stellungnahme enthielten. Es hat sich jedoch erwiesen, daß diese Verteilung nicht stabil ist. Als der Spukfall in der Rosenheimer Anwaltskanzlei und die Ergebnisse der Untersuchung bekannt wurden, die ich letztes Jahr auf dem Freiburger Kongreß berichtete[2], stieg der Prozentsatz der Ja-Sager in Bayern, wo regionale Fernsehberichte über den Fall gesendet wurden, um 10 % auf 28 %.

Die Abneigung gegen unerklärliche Vorgänge im Bereich der

---

[*] Präsidentenansprache zum 12. Kongreß der Parapsychological Association am 5. September 1969 in New York.

materiellen Dinge stammt nicht erst aus dem technischen Zeitalter. Sie hat eine lange Geschichte und scheint in Grundfaktoren der Persönlichkeitsstruktur zu wurzeln. Schon immer gab es »goats« und »sheep«, Gläubige und Ungläubige in bezug auf das Paranormale, besonders auf die physikalischen Phänomene. Eine Anekdote möge das säkulare Vorurteil der Ungläubigen illustrieren: In den Archiven des Pariser Kassationsgerichts finden sich die Akten eines Mietstreites aus dem Jahre 1575. Die Mieter eines Hauses machten geltend, daß sie von Spukerscheinungen belästigt wurden und klagten auf Aufhebung des Mietvertrages. Der Advokat des Hauseigentümers wies in seinem Plädoyer mit Pathos darauf hin, daß es eine Schmach und Schande sei, Ammenmärchen von »Poltergeistern« für wahr zu halten und damit dem Aberglauben des niederen Volkes Vorschub zu leisten. Nahezu vier Jahrhunderte später bewilligte ein Londoner Tribunal im Jahr 1952 den Mietern eines Hauses eine Herabsetzung des Zinses, da es von spukhaften Schlägen heimgesucht sei. Im Jahr 1666 beginnt Joseph Glanvil[3], eines der ersten Mitglieder der englischen Royal Academy, seinen berühmten Bericht über einen Spukfall mit den Worten, er wisse sehr wohl, ». . . daß die Zeitgenossen alle solche Geschichten mit Gelächter und Verachtung quittieren und fest davon überzeugt sind, daß sie als Zeitverschwendung und Altweibergeschwätz abgetan werden müßten . . .«

Diese Spukphänomene werden zwar durch die Jahrhunderte hindurch von den verschiedensten Beobachtern berichtet, ihre Echtheit wurde aber immer wieder bezweifelt, und sie standen in einem Zwielicht von Täuschung und betrügerischer Manipulation. Affektive Vorentscheidungen scheinen den Vorrang vor gewissenhafter Information und kritischer Analyse gehabt zu haben. Gewöhnlich verwerfen die Ungläubigen die skandalösen Berichte in toto, während die Gläubigen bedenkenlos auch augenscheinlich unechte Vorgänge für Tatsachen halten. Nur eine vorurteilslose wissenschaftliche Untersuchung des Problems, das so alt wie die Menschheit zu sein scheint, kann hier Abhilfe schaffen. Spuk ist eine Herausforderung für die Wissenschaft. Die Parapsychologen fangen jetzt an, diese Herausforderung anzunehmen, nachdem sie sich lange Zeit ausschließlich auf Laboratoriumsuntersuchungen beschränkt haben.

Die außerordentliche Bedeutung des Spukproblems kann in einem ersten Schritt durch die phänomenologische Analyse der vorliegenden Berichte nachgewiesen werden. Unerklärliche Vorkommnisse in der Welt der körperlichen Dinge sind mit bemerkenswerter Gleichförmigkeit seit Jahrhunderten berichtet worden. Ein Überblick über historische Fälle im Vergleich mit modernen steht jetzt in den Werken von Owen[4], Thurston[5], Fanny Moser[6] u. a. zur Verfügung. Alle diese Autoren, besonders aber Owen in seinem wertvollen Buch »Can We Explain the Poltergeist?«, weisen auffallende Ähnlichkeiten der in allen Ländern und durch die Jahrhunderte hindurch beobachteten Fallberichte nach. Zeitgenössische Berichte über Spukphänomene hat der französische Gendarmerieoffizier Emile Tizané in seinem Buch »Sur la Piste de L'Homme Inconnu«[7] gesammelt und phänomenologisch analysiert. Sein Material besteht aus etwa 100 Fällen angeblicher Spukphänomene, die zwischen 1925 und 1950 von der französischen Polizei untersucht wurden. Unter den wiederkehrenden Mustern, die Tizané bei vergleichender Analyse der voneinander unabhängigen Berichte fand, erwähne ich die folgenden in einer Rangordnung der »Absonderlichkeit«:

Bombardement. Oft wird ein Haus Zielobjekt eines Hagels von Wurfgeschossen. Steine fallen auf das Dach, zerbrechen Fensterscheiben und dringen durch Öffnungen in das Innere. Selten beginnen Phänomene im Inneren des Hauses vor einem solchen Bombardement von außen.

Schläge gegen die Türen, Wände oder Möbel sind zu hören, manchmal immer an ein und demselben Platz, manchmal in allen Teilen des Hauses.

Türen, Fenster und selbst sorgfältig geschlossene Schränke öffnen sich von selbst.

Gegenstände werden geschickt verstellt oder zugeworfen, zerbrechliche bleiben oft intakt – selbst nach einem Sprung von mehreren Metern –, während solide oft vollständig zerstört werden.

Ein eigentümliches Krachen und merkwürdige Geräusche werden manchmal vernommen.

Die Bewegung von Gegenständen erfolgt mitunter nicht in einer normalen Flugbahn. Die Gegenstände verhalten sich, als ob sie transportiert würden und folgen manchmal sogar den Konturen der Möbel.

In seltenen Fällen dringen fremde Objekte in geschlossene Räume ein. Werden sie von Beobachtern aufgenommen, fühlen sie sich warm an. Gegenstände scheinen sich in der Luft zu bilden.

Mit dieser Liste habe ich Tizanés Reihenfolge der »Absonderlichkeit« dieser Muster von Spukvorfällen übernommen. Absonderlichkeit heißt in diesem Zusammenhang: Unvereinbarkeit mit den vertrauten energetischen Vorgängen und den normalen physikalischen Gesetzen. Ich lege besonderen Wert auf diese auffallenden »absonderlichen« Aspekte des in Frage stehenden Phänomens, weil sie offenbar von hervorragender Bedeutung für das Problem der Erklärung der Spukphänomene und der Erstellung einer Arbeitshypothese sind. Sie stellen eine Art Kontrapunkt der sorgfältig untersuchten Analogien der »wiederkehrenden spontanen Psychokinese« zu vertrauten energetischen dar, die Roll und Artley[8] beschrieben haben und als raum-zeitliche Korrelation zwischen einer Person und den Spukvorgängen bezeichneten. Die Analyse dieser Autoren legte nahe, daß die bei den Vorgängen beteiligte Energie mit wachsender Distanz abnahm und daß eine Umwandlung von Psi-Energie in kinetische Energie stattfand. Eine exponentielle Verlaufskurve schien den Daten am besten zu entsprechen. Diese Hypothese wurde aus dem Material des Seaford-Falles entwickelt, der durch Pratt[9] mituntersucht wurde. Dieser zeigte, wie später auch die Newark und Miami-Fälle, die durch dasselbe Team untersucht wurden, keine der »Absonderlichkeiten« der Liste von Tizané. Nichts Außergewöhnliches konnte an der Flugbahn der Gegenstände entdeckt werden. Sie bewegten sich nicht in Ecken, und der Ort, an dem sie niederfielen, entsprach in allen Fällen einer geradlinigen Bewegung. Es gab keine Durchdringungsphänomene und keine Apporte in verschlossene Räume; auch wurde nicht beobachtet, daß sich Objekte »in der Luft« bildeten. Es gibt also offenbar verschiedene Typen von Spukvorgängen, und wir haben bis jetzt noch keinerlei klare Vorstellungen, ob verschiedene Formen einer »Psi-Energie« — wenn es eine solche überhaupt gibt — beteiligt sind oder ob ein und derselbe Psi-Prozeß in verschiedenen Erscheinungsformen auftritt. Wir können zur Zeit auf der Suche nach einer Theorie nichts anderes tun, als die Verschiedenartigkeit der Muster im Auge zu behalten und in Zusammenarbeit im internationalen Rahmen die äußersten Anstrengungen zu machen, um zwingende Beweise für die Realität dieser Muster zu bekommen, die seit Jahrhunderten berichtet werden.

Ich möchte im folgenden einige Grundprobleme der Beweiserhebung in bezug auf Spukuntersuchungen des Freiburger Instituts diskutieren. Im Laufe von 20 Jahren wurden 23 Fälle angeblicher Spukphänomene durch das Institut untersucht. In einem Fall konnte sogleich festgestellt werden, daß es sich um eine Fehldeutung einer natürlichen Ursache handelte: Laute Schläge, die die Wände eines kleinen Hauses erzittern ließen, konnten auf eine Störung der Wasserleitung zurückgeführt werden. Keiner dieser Fälle war ausschließlich auf bewußten Betrug zurückzuführen, doch konnten betrügerische Manipulationen in einem pathologischen Zustand im Falle eines hysterischen jungen Lehrers nachgewiesen werden, der sogar Feuer legte und dafür später vor Gericht gestellt wurde. Das Motiv war leicht festzustellen: Es handelte sich um Aggressionen gegen seinen Onkel, in dessen Haus er eine Wohnung besaß, die ihm nicht behagte. Ein Fall wurde nicht weiter verfolgt, weil der Hauptzeuge eine labile und wahrscheinlich pseudologische Persönlichkeit war, die paranoide Züge aufwies.

Wir untersuchten fünf Fälle, bei denen die Phänomene noch andauerten. Als wichtigsten möchte ich den Bremen-Fall von 1965 nennen, bei dem ein 15 Jahre alter Junge beteiligt war, der später nach Freiburg gebracht wurde, wo die Phänomene sich fortsetzten; dann den Rosenheim-Fall von 1967/68 und den Nicklheim-Fall von 1968/69. Nicklheim ist ein kleines oberbayrisches Dorf in der Nähe von Rosenheim. In zehn Fällen begannen wir mit der Untersuchung kurz nachdem die Vorfälle aufgehört hatten. In acht Fällen war es augenscheinlich, daß das Spukzentrum ein Jugendlicher in der Pubertät war. In vier Fällen lag Grund zur Vermutung vor, daß es sich um ein paranormales Zusammenwirken von Mutter und Kind handelte, doch konnten ihre Rollen nicht mit Sicherheit festgestellt werden. In unserem letzten post factum-Fall, der sich in Mallorca abspielte, war mit ziemlicher Sicherheit anzunehmen, daß unerklärliche Bewegungen von Gegenständen von einem 54 Jahre alten Maler abhingen, der sich in einem Ausnahmezustand der Erleuchtung befand. Wir konnten nur in einem Fall einen ortsgebundenen Spuk untersuchen: in einem kleinen Schloß in der Nähe der mittelalterlichen Stadt Dinkelsbühl in Bayern. Visuelle und akustische Phänomene wie auch Bewegungen von Gegenständen waren während eines Zeitraumes von 60 Jahren beobachtet worden. Zwei Fälle konnten nicht an Ort und Stelle untersucht werden, weil es aus Gründen ärztlicher Verantwortung notwendig war, die beteiligten Jugendlichen vor einer Reaktivierung der mit den Vorgängen verbundenen affektiven Belastungen zu schützen. Hier wurden nur die Hauptzeugen befragt. In vier Fällen ergab die Untersuchung viele Hinweise für irreguläre Flugbahnen der Gegenstände, für Durchdringungsphänomene und Erwärmung anscheinend apportierter Objekte, sowie das plötzliche Erscheinen von Gegenständen »in der Luft«.

Für die Dokumentation der fraglichen Spukerscheinungen stehen in der Hauptsache folgende Quellen und methodische Möglichkeiten zur Verfügung:

1. Zeugenbefragungen
2. Schriftliche Aufzeichnungen der Spukbetroffenen
3. Fotografische und filmische Rekonstruktion des Behaupteten zur Überprüfung der Aussagen verschiedener Zeugen
4. Eigenbeobachtungen bei Fällen, die im Vollzug untersucht werden
5. Ton- und Filmdokumente von Spukvorgängen
6. Experimentelle Anordnungen, z. B. Einschließen oft bewegter Gegenstände in eine Kassette oder Versiegelung von Schränken, aus denen angeblich Gegenstände herauskommen
7. Kriminalistische Methoden zur Aufdeckung von betrügerischen Manipulationen
8. Provokation von Spukvorgängen durch posthypnotische Suggestion
9. Psychodiagnostische Untersuchung der Agenten und Zeugen
10. Analyse der Motivation
11. Untersuchung der Agenten im Laboratorium auf ASW und PK.

Welche von den angegebenen Möglichkeiten zum Tragen kommen, richtet sich nach der individuellen Eigenart des Falles. Eine rasche Situationsanalyse und eine Entscheidung, welcher methodische Zugang gewählt wird, ist notwendig, da die Phänomene schnell nachlassen können und oft in einer kurzen Zeit vollständig aufhören.

Ich möchte nun in chronologischer Reihenfolge einige ausgewählte Fälle aus dem Archiv des Freiburger Instituts darstellen und dabei besonders die Muster von Spukerscheinungen berücksichtigen, die im Widerspruch zu den Analogien mit physikalischen Gesetzen stehen.

Der Fall Vachendorf 1948

In Vachendorf, einem kleinen Gebirgsdorf in Oberbayern, wohnte ein altes Ehepaar, sudetendeutsche Flüchtlinge aus Böhmen, notdürftig zusammen mit einer 14jährigen Pflegetochter in einem Zimmer eines alten Hauses. Zahlreiche Flüchtlinge, die sich als Zeugen zur Verfügung stellten, waren im gleichen Hause untergebracht. Wir untersuchten den Fall einige Zeit nach den Ereignissen. Die alte Frau hatte in einem Tagebuch sorgsam die Vorgänge aufgezeichnet, die wochenlang die kleine Familie und die übrigen Hausbewohner in Schrecken versetzt hatten. Nach den Aufzeichnungen von Frau P. begann der Spuk beim abendlichen Kartenspielen: Zunächst verschwanden mehrere Karten, die man später, unter Stiefel geschoben, unter dem Bett wiederfand. In der Nacht wurden die nebeneinanderstehenden beiden Betten, in denen das Ehepaar und die Pflegetochter Mizi schliefen, stundenlang bombardiert, doch wurde niemand ernstlich getroffen. Steine, Kohlen, Holzstücke, Unrat, Werkzeuge flogen auf die Betten. Die Glühlampe war herausgedreht, als sie Licht machen wollten, die Zimmertüre verschlossen; der Schlüssel hing am Morgen am Zeiger einer Wanduhr. Die Eingeschlossenen mußten um Hilfe rufen, Nachbarn brachen schließlich die Türe auf. Frau P. stand noch tief unter dem Eindruck der unerklärlichen Vorkommnisse, als wir sie befragten. Sie berichtete, daß sie am Morgen die verstreut liegenden Werkzeuge eingesammelt und sie in die Kiste getan habe, in die sie hineingehörten. Dann habe sie sich darauf gesetzt und gesagt: »Jetzt bleibt ihr drin.« Während sie auf der Kiste saß, seien die Werkzeuge wieder Stück für Stück im Zimmer

46

niedergefallen. Mein fotografischer Mitarbeiter hat den Gesichtsausdruck von Frau P. in diesem Augenblick der Erzählung festgehalten: Er scheint nachträglich das fassungslose Erstaunen über dieses Geschehen zu spiegeln. Zum ersten Mal waren wir durch eine glaubwürdig klingende Zeugenaussage mit dem Problem der Durchdringung der Materie konfrontiert. Weitere Durchdringungsvorgänge wurden im Detail geschildert: Als Herr P. schnitzend auf einem Stuhl gegenüber einer geschlossenen Glasvitrine saß, in der sich ein Holzschuh befand, sei dieser plötzlich an seine Stirn geflogen und habe ihn leicht verletzt. Die Glasvitrine sei unversehrt geschlossen geblieben. Später seien Wäschestücke vom Speicher in das geschlossene Zimmer gekommen. Frau P. sah sie plötzlich in der Luft auftauchen und herunterfallen.

Als das Mädchen während der Zeit der Spukereignisse einige Tage auf einer Almhütte war, hörten die Vorfälle schlagartig auf; sie begannen wieder, als es zurückkam. Augenzeugen berichteten uns, daß auf dieser Hütte ebenfalls unerklärliche Bewegungen von Gegenständen beobachtet wurden. In diesem Fall verwendeten wir zum ersten Mal den methodischen Kunstgriff einer fotografischen Rekonstruktion der behaupteten Phänomene, um durch die Beurteilung der Bilder eventuell abweichende Zeugenaussagen zu provozieren. Die Evidenzstufe, die durch solche Nachuntersuchungen erreicht werden kann, entspricht dem Grade der Evidenz, den man auf forensischem Gebiet erhält. Verächter kasuistischen Materials, die prinzipiell Zeugenaussagen als subjektive Äußerung entwerten, müßten konsequenterweise auf jede Form von zeugenabhängiger Gerichtsbarkeit verzichten. Ein Hinweis auf die Echtheit der behaupteten Phänomene ist auch das Auftreten der bekannten »Muster« in den Berichten. Typische Aussagen wie »plötzlich erschienen die Leintücher in der Luft und fielen zu Boden«, oder »trotz des Bombardements wurde niemand ernstlich getroffen«, oder »als das Mädchen weg war, hörte plötzlich alles auf«, erhalten dadurch ein besonderes Gewicht. Die Analyse des Aussagestils der auf Tonband aufgenommenen Zeugenaussagen und der expressiven Momente können zusätzliche Informationen geben.

Drei Jahre nach dem Vachendorf-Fall wurde das Freiburger Institut von dem katholischen Ortsgeistlichen des kleinen Dorfes Neusatz in Baden zu der Untersuchung eines Spukfalles gebeten. Eine alte Frau lebte mit ihrem 30jährigen debilen Sohn und einem Ehepaar als Untermieter in einem Bauernhaus, in dem angeblich Spukphänomene stattfanden. Immer wieder wurde Bettwäsche zerschnitten, Kleider zerrissen und Lebensmittel in die Grube geworfen. Als besonders auffälliges Phänomen wurde geschildert, daß wiederholt die zweiteiligen Vorhänge der Fenster der guten Stube verschwanden und nicht mehr wiedergefunden werden konnten. Dies war der erste Fall angeblichen Spuks, den wir untersuchen konnten, während die Phänomene andauerten. Auf der Suche nach einer möglichst hohen Evidenzstufe versuchten wir, eine objektive Dokumentation des Verschwindens der Vorhänge zu erreichen: Neue Vorhänge wurden aufgehängt und mit Vorrichtungen auf die Auslösung elektrischer Relais versehen. Eine leichte Berührung genügte, um zwei Halogen-Lampen einzuschalten und eine Filmkamera in Bewegung zu setzen. Wir baten die Kriminalpolizei, das Zimmer zu verschließen, und warteten 14 Tage. Es passierte nichts. Die Bewohner baten uns, unsere Einrichtung noch länger in dem Zimmer zu lassen, da sie offenbar den Spuk vertriebe. Als die Kriminalpolizei mit uns den Raum öffnete, wurde der Mechanismus ausgelöst; er war intakt, doch unsere Strategie hatte zu keinem Erfolg geführt.

Angenommen, die Vorhänge wären in ihrer vorher fotografisch festgehaltenen Lage verändert worden oder gar verschwunden, wäre eine höchste Stufe der Evidenz erreicht worden. Die filmische Dokumentation als solche ist allerdings kein Beweismaterial, da der in Frage stehende Vorgang unschwer getrickt werden kann. Die Beweiskraft einer solchen Dokumentation hängt von der Integrität der untersuchenden Personen ab. Die Unwahrscheinlichkeit einer Konspiration der Wissenschaftler mit der Kriminalpolizei hätte allerdings dem Vorgang ein Maß von »Öffentlichkeit« gegeben, der vernünftigen Zweifeln keinen Raum mehr läßt.

Der Fall Neudorf 1952[10]

Dieser Spukfall geschah im Hause des Bürgermeisters des Ortes Neudorf in Baden. Wir wurden durch das Gesundheitsamt der benachbarten Stadt Bruchsal zu einer Untersuchung aufgefordert. Der 13jährige Sohn Bernhard des Bürgermeisters schien der Auslöser der Phänomene zu sein. In seiner Abwesenheit passierte nichts. Als wir darauf drangen, daß er mit seinem Vater in die Ferien ging, hörten die Störungen auf. Sie fingen in Hof und Stall an und zogen erst langsam in das Innere des Hauses ein. Der Bürgermeister, sich selbst gegenüber Amtsperson, notierte minutiös mit genauer Zeitangabe jeden einzelnen Vorfall. Zahlreiche Zeugen der großen Hausgemeinschaft konnten befragt werden, aber auch fremde Beobachter, die von auswärts herbeigeeilt waren. Aus 116, vom Bürgermeister notierten Einzelereignissen greife ich einige heraus, die mit den Mustern der Tizané-Liste übereinstimmen:

»Gegenstände scheinen sich in der Luft zu bilden.«

Am Tage vor Beginn unserer Untersuchung haben vier Zeugen beobachtet, daß in 45 Minuten 16mal Nägel von der Decke in die Betten fielen, in denen Bernhard und seine Mutter lagen. Sie kamen, wie man später feststellte, aus einem verschlossenen Küchenschrank im Erdgeschoß. Der Bürgermeister, sein älterer Sohn Alois und dessen Frau Frieda beobachteten durch die Türe des Schlafzimmers. »Bernhard zog die Decke über seinen Kopf, um nicht getroffen zu werden«, erzählte uns Alois beiläufig, ohne daß ihm klar wurde, daß er uns damit eine wichtige Information gab, die gegen den Verdacht sprach, daß der Junge die Nägel geworfen haben könnte. Die Zeugen sagten weiter: »Die Nägel fielen wie Silberfische von der Decke, wir konnten sie aber erst zwei Handbreit unter dem Plafond sehen.«

»Gegenstände verhalten sich manchmal so, als ob sie transportiert würden und verfolgen z. B. die Konturen der Möbel.«

Der Bürgermeister beobachtete, wie Wäscheklammern von einem Tisch an der Türfüllung entlang in die Höhe stiegen und sich dann im rechten Winkel, der Türe folgend, weiterbewegten.

»Gegenstände können in verschlossene Räume eindringen; beim Aufheben fühlen sie sich warm an.«

Am Tage vor unserer Ankunft sollen sieben Objekte innerhalb von 16 Minuten in der Küche erschienen sein. Fünf Zeugen beobachteten den Vorgang, zwei davon gehörten nicht der Hausgemeinschaft an. Aus den Berichten der einzelnen vernommenen Zeugen konnten wir die Vorgänge bis in die kleinsten Einzelheiten rekonstruieren. Bernhard stand mit verschränkten Armen im Türrahmen. Die Gegenstände – eine Schere, eine Sicherung u. a. – schienen aus der Wand herauszufallen. Alle Zeugen gaben an, daß sie sich warm anfühlten, als man sie aufhob.

Eine psychodiagnostische Untersuchung des Jungen zeigt eine Persönlichkeitsstruktur, die sich bei späteren Untersuchungen jugendlicher Spukauslöser immer wieder bestätigte: Unbewältigte Konfliktspannungen im Zusammenhang mit der Pubertät und ein hohes Maß von Frustration und Aggression mit der Tendenz zur explosiven Entladung. Aufs neue waren wir mit dem Phänomen des Apportes und der Durchdringung der Materie konfrontiert. Die sehr kurz nach den Ereignissen aufgenommenen Zeugenaussagen und das Auftreten der bekannten Muster verleihen dem Fall ein hohes Maß an Evidenz. Es hatte sich mit Sicherheit noch keine »fable convenue« zwischen den Zeugen gebildet, wie es oft geschieht, wenn die Beobachtungen untereinander erzählt werden.

Der Fall Bremen-Freiburg 1965/66

Im Zuge der Untersuchung des sich in Freiburg fortsetzenden »Bremen-Falles« wurde das Freiburger Team 1966 selbst Zeuge von psychokinetischen Vorgängen.

Ende Juni 1965 berichteten deutsche Zeitungen über unerklärliche Störungen in der Porzellanabteilung eines Lebensmittelgeschäftes in Bremen. Tassen, Teller, Gläser, Vasen würden angeblich buchstäblich von den Regalen herunterspringen. Eine gründliche Untersuchung durch die Polizei und alle möglichen Sachverständigen ergab nicht den geringsten Hinweis auf die Ursache dieser außergewöhnlichen Vorgänge. Der Tumult in der Porzellanabteilung hörte erst auf, als der 14 Jahre alte Lehrling Heiner Sch. entlassen wurde. Ein parapsychologisch erfahrener Bremer Bürger, der ein Spukphänomen vermutete, hatte den Rat gegeben, den Jungen zu entfernen. Zwei Tage nach seiner Entlassung untersuchten wir die Vorgänge. Der Boden des großen Ausstellungsraumes war immer noch mit Porzellanscherben bedeckt. Wir nahmen Zeugenberichte auf Tonband auf, konstruierten und fotografierten gut beobachtete Situationen und untersuchten den psychologischen Hintergrund der Ereignisse. Es konnte kaum ein Zweifel an der psychokinetischen Natur der Phänomene bestehen. Der Junge war hochgradig frustriert und gespannt und hatte vor den psychokinetischen Zerstörungen ständig Flaschen, die er sortieren mußte, zerbrochen. Nachdem er aus diesem Grund stundenlange Tests über sich ergehen lassen mußte, begann am nächsten Tage die Zerstörung. H. wurde einige Wochen lang in der Jugendabteilung der Psychiatrischen Klinik in Freiburg beobachtet. Auch hier traten zum Erstaunen der Psychiater und Psychologen psychokinetische Phänomene auf. Das Institut brachte ihn bei Pflegeeltern in Freiburg unter und verschaffte ihm eine Stelle als Lehrling in dem Betrieb eines Elektrikers. Im März 1966 wurden elektrische Leitungen im Keller eines Schulneubaues verlegt. Eine große Anzahl von Haken mußten in den Zementmauern befestigt werden. Mit Schlagbohrer wurden je zwei 8 mm breite Löcher in die Wände getrieben und der Haken dann mittels zweier Schrauben und zweier Plastikdübel befestigt. Der Vorarbeiter beobachtete, daß fast unmittelbar nach der Fixierung der Haken die Schrauben locker wurden. Die Haken, an denen er vorher Klimmzüge machen konnte, ließen sich nun unschwer aus der Wand entfernen. Am folgenden Tag sind nach dem Zeugnis mehrerer Beobachter sieben Haken aus der Zementwand mit den Dübeln herausgekommen. Einer soll dem Lehrjungen, als er durch den Gang ging, in einer Kurve nachgeflogen sein. Wir hatten daraufhin in »erwartender Beobachtung« ein Experiment veranstaltet, an dem das Team des Freiburger Instituts und einige andere Beobachter teilnahmen. Zwei Haken wurden in der Zementwand befestigt und auf ihre Festigkeit geprüft. Der Lehrjunge stand einen Meter von der Wand entfernt. Wir beobachteten in gespannter Aufmerksamkeit die Schrauben. Innerhalb von zwei Minuten waren sie lose; keiner von uns hat sie herauskommen sehen. Wir dokumentierten mit Blitzlichtaufnahmen und Tonband. Zwei Tage nach diesem erfolgreichen Experiment versuchten wir eine

Filmdokumentation, aber dieses Mal blieben die Haken fest.

In den darauf folgenden Wochen zeigten sich neue Phänomene. An einer Arbeitsstelle zersprangen in Anwesenheit des Lehrjungen eine ganze Reihe von Neonröhren. Als im Lager des elektrotechnischen Betriebs ähnlich wie in Bremen Gegenstände von den Regalen sprangen und zerstört wurden, wurde der Junge entlassen. Er wurde wieder zur Schule geschickt, wo sich nichts mehr ereignete.

Durch die Vielzahl der Geschehnisse an verschiedenen Orten und die dadurch bedingte Vielzahl von Zeugen aus soziologisch völlig differenten Gruppen, ferner durch die Eigenbeobachtung wurde im Falle des Bremer Jungen eine hohe Evidenzstufe erreicht. Zum ersten Mal in der Freiburger Spukforschung konnte eine über mehr als ein Jahr sich erstreckende Verlaufsanalyse vorgenommen werden. Wiederholte psychodiagnostische Untersuchungen und ständige Verhaltensbeobachtung, zusammen mit vielfach wiederholten Explorationen, ergänzten die äußeren Fakten durch eine Aufhellung des Motivationshintergrundes. Als die konfliktbedingte intrapsychische Spannung einen hohen Grad von Intensität erreicht hatte, konnte man geradezu voraussagen, daß es wieder zu psychokinetischen Entladungen kommen würde.

PK-Experimente im Laboratorium ergaben keine Resultate. Aber H. zeigte ungewöhnlich hohe Treffer bei Kartenexperimenten, sowohl in AASW (= Allgemeine Außersinnliche Wahrnehmung) als auch in Hellsehsituationen[11].

Die durch Analyse der RSPK-Phänomene sich notwendig ergebende Koppelung von PK- und ASW-Fähigkeiten zeigte sich bei H. Sch. mit besonderer Deutlichkeit. Wenn die als Symptom einer Erregungsphase eintretenden RSPK-Phänomene abklangen, konnte es vorkommen, daß der noch nicht beruhigte Junge betrügerisch Phänomene vortäuschte.

Der Fall Rosenheim 1967/68

Ende November 1967 wurden durch Presseberichte rätselhafte Vorgänge in der Anwaltskanzlei Adam der oberbayrischen Stadt Rosenheim bekannt. An einer zweieinhalb Meter hohen Decke befestigte

Leuchtstoffröhren erloschen immer wieder. Elektriker stellten fest, daß sie um 90 Grad aus ihren Halterungen herausgedreht waren. Heftige Knallerscheinungen wurden gemeldet, Sicherungsautomaten sollten sich selbständig ausgelöst haben, die Entwicklerflüssigkeit des Fotokopiergerätes sei mehrfach ausgelaufen. Schon im Sommer waren Telefonstörungen beobachtet worden: häufig läuteten die vier Apparate der Siemens-Anlage gleichzeitig, Gespräche brachen zusammen, die Telefonrechnungen stiegen zu einer ungewöhnlichen Höhe an.

Es wurde vermutet, daß Störungen im Stromversorgungsnetz der Stadtwerke die Ursache sein müßten. Das Prüfungsamt begann unter Leitung des damaligen Direktionsassistenten P. Brunner am 16. November mit einer gründlichen Untersuchung. Spannungs- und Stromschreiber wurden zur ständigen Überwachung des in Frage stehenden Stromkreises in den Räumen der Anwaltskanzlei installiert und das Büropersonal gebeten, alle Wahrnehmungen außergewöhnlicher Vorgänge zu notieren und dem Prüfamt sofort mitzuteilen. Das Personal der Revisionsabteilung der Stadtwerke erhielt Anweisung, eigene Beobachtungen anzustellen.

Die Registrierstreifen der zu dieser Zeit plombierten Meßgeräte zeigten Ausschläge, die sich zu Vollausschlägen steigerten und teilweise gleichzeitig mit den abnormen Phänomenen auftraten. In dem Revisionsbericht der Stadtwerke vom 21. Dezember 1967 wird z. B. für einen der ersten Prüftage berichtet: »Am Montag, dem 20. 11. 1967 um 7 Uhr 30, ist im Chefzimmer nach starkem Knall eine Leuchtstoffröhre aus der Fassung heraus auf den Boden gefallen und zerschellt. Die Stromkreissicherungen hatten jedoch nicht ausgelöst. Der Stromschreiber registrierte diese schriftlich fixierten Meldungen des Büros mit 2 Vollausschlägen bis ca. 50 A. Dies war unerklärlich, besonders der Umstand, daß die Sicherungen nicht auslösten. Höchst eigenartig ist die Tatsache, daß die Umkehr der Schreibfeder am maximalen Ausschlagpunkt in einer Schleifenform erfolgte und nicht wie üblich völlig geradlinig.«

Da die Gefahr eines Unfalls durch herabfallende Leuchtstoffröhren bestand, wurden diese gegen normale Lampenfassungen mit Glühbirnen ausgewechselt. Am 21. November explodierte eine solche Glühlampe im Vorzimmer; am Registrierstreifen waren für die in Frage kommende Zeit in kurzen Abständen drei Vollausschläge feststellbar. Am gleichen Tag wurden weitere 6 Ausschläge beobachtet, jedoch keine anderen Phänomene. Zahlreiche Explosionen von Glühlampen folgten, auch die Beleuchtungskörper gingen in Scherben.

In den folgenden Tagen wurde die Kanzlei durch ein direktes Kabel mit der Transformatorenzentrale verbunden, um das Streckenkabel, den Hausanschluß und die Steigleitung als mögliche Störungsursache auszuschließen. Die Phänomene (Knallen, Zerplatzen von Glühlampen, Vollausschläge am Stromschreiber) hielten unvermindert an. Als neue Erscheinung trat am 30. November hinzu, daß die Beleuchtungskörper in den Büroräumen im ein- und ausgeschalteten Zustand heftig zu schwingen begannen. Revisoren der Stadtwerke waren Zeugen. Nun prüfte man, ob Erschütterungen aus den über der Kanzlei liegenden Räumen und vom Straßenverkehr dieses Pendeln der Lampen bewirken könnten, doch ergaben sich keine Anhaltspunkte. Obwohl der Revisonsabteilung der Stadtwerke mittlerweile klargeworden war, daß das allgemeine Versorgungsnetz als Ursache für die gesamten Erscheinungen nicht in Frage kam, wurde auf Drängen des Rechtsanwalt Adam ein Notstromaggregat vorgesehen, das die Kanzlei mit elektrischer Energie versorgen sollte.

Das Erste und Zweite Deutsche Fernsehen hatten Ende November schon Sendungen über den außergewöhnlichen Fall veranstaltet, die mit der offenen Frage schlossen: Handelt es sich um technische Anomalien oder um mutwillige Beschädigungen?

Das war die Situation, die ich mit zwei Mitarbeitern antraf, als wir am 1. Dezember mit einer Untersuchung begannen. Was schon den Technikern aufgefallen war, ohne daß Schlußfolgerungen gezogen wurden, zeigte sich gleich bei einer ersten Analyse der Phänomene: nur während der Bürozeiten zeigten die Meßdiagramme die Ausschläge und wurden die außergewöhnlichen Erscheinungen beobachtet. Meist begannen sie mit besonderer Stärke, wenn die im Büro beschäftigten jungen Mädchen, die 19jährige Annemarie Sch. und die 17jährige Gustel H. die Kanzlei betraten. Bald wurde eine Differenzierung möglich: die Erscheinungen schienen in einer Verbindung mit Annemarie Sch, zu stehen. Wenn dieses junge Mädchen

54

durch den Flur ging, begannen die Lampen hinter ihr zu schwingen, explodierten Beleuchtungskörper, flogen die Scherben auf sie zu. Was sich in der Kanzlei ereignete, hatte – mit Ausnahme der Telefonstörungen und der mir zunächst schwer zu beurteilenden Meßdiagramme – eine unverkennbare Ähnlichkeit mit sogenannten »Spukerscheinungen«, die wir in zahlreichen Fällen untersucht haben. Sie zeigen immer wieder dieselben Muster, vor allem die meist anzutreffende Abhängigkeit von Jugendlichen in der Pubertät oder mit retardierter Entwicklung.

In allen Fällen muß natürlich zunächst nach normalen Ursachen geforscht werden. Wie bereits eingangs erwähnt, werden oft erklärbare Vorgänge, wie etwa Störungen in der Wasserleitung, die schlagartige Erschütterungen zu erzeugen vermögen, oder anderes mehr als »spukhafte« Bewirkungen falsch interpretiert. Auszuschließen sind natürlich auch betrügerische Vortäuschungen oder unverantwortliche Manipulationen hysterischer Persönlichkeiten, die in einem Dämmerzustand mit nachfolgender Amnesie »spukhaftes« Geschehen inszenieren. Nach gründlicher Untersuchung, an der sich auch die Kriminalpolizei beteiligte (Rechtsanwalt Adam hatte Klage gegen Unbekannt erhoben), schien Betrug ausgeschlossen. Auch hysterische Manipulationen konnten nach der Analyse zahlreicher Zeugenaussagen nicht in Betracht kommen.

Es lagen gewichtige Gründe vor, die Alternativhypothesen »technische Anomalien« oder »mutwillige Beschädigungen« durch eine dritte Hypothese »spontane, von Annemarie Sch. abhängige Psychokinese« zu ergänzen.

Die Meßdiagramme der Spannungs- und Stromschreiber schienen in diese Hypothese zunächst nicht hineinzupassen. Es war aber im höchsten Maße auffällig, daß sie nur dann Ausschläge zeigten, wenn im Büro gearbeitet wurde. Dieser Anhaltspunkt und andere Hinweise machten es wahrscheinlich, daß sie gar nichts mit Anomalien der Stromversorgung zu tun hatten, sondern durch eine auf den Schreibhebel wirkende »mechanische« Kraft entstanden sein mußten. Eine manuelle Betätigung des Schreibhebels war während der Zeit der Plombierung der Meßgeräte ausgeschlossen. Die Ausschläge unterschieden sich zur Zeit der Plombierung nicht von den späteren, bei denen die Meßgeräte aus Gründen einer vereinfachten

Auswechslung der Meß-Streifen nicht mehr plombiert waren. Auch lagen Aussagen von Zeugen vor, die die Bewegung des Schreibhebels gesehen hatten. So verdichtete sich die Vermutung, daß auch diese Ausschläge auf eine psychokinetische Einwirkung zurückzuführen seien.

Zur Überprüfung dieser Hypothese war die Mitarbeit von Spezialisten erforderlich. Ich bat Herrn Dr. F. Karger, Institut für Plasmaphysik in München-Garching, um eine Untersuchung. Vom 6.–8. Dezember führte er zusammen mit Dipl.-Phys. G. Zicha in der Kanzlei oszillographische Messungen durch. Die beiden Physiker haben über das Ergebnis ihrer Untersuchung einen ausführlichen Bericht erstattet[12]. Sie prüften Netzspannungsänderungen (trotz Schreiberausschlag keine Erhöhung der Netzspannung), Kondensatorentladungen (kein Signal an der Potentialsonde), elektrostatische Aufladung, äußeres statisches Magnetfeld (kein Signal an der Magnetfeldsonde), Infra- und Ultraschall, starke Erschütterungen, Wackelkontakt in der Verstärkerelektronik, Fremdmechanismen im Schreiber, manuelle Betätigung (Betrug ausgeschlossen). In dem Bericht heißt es: »Wir mußten demnach feststellen, daß an dem Schreiber Ausschläge auftraten, obwohl wir systematisch alle uns denkbaren physikalischen Ursachen dafür eliminiert bzw. kontrolliert und die ordnungsgemäße Funktion der verwendeten Geräte eingehend überprüft hatten.« Auf Vorschlag der beiden Physiker hat das E-Werk später für eine Zeitlang statt der Netzspannung die Spannung einer 1,5-Volt-Monozelle an dem Eingang des entsprechenden Einschubs im Schreiber eingespeist. Auch in diesem Fall traten starke Ausschläge auf, was als weitere Erhärtung des Beweises angesehen werden kann, daß die anomalen Schreiberausschläge keine Netzspannungsänderungen als Ursache hatten. Aus den Phänomenen in Rosenheim und dem Ergebnis der Untersuchung der Schreiberausschläge zogen die Physiker den Schluß, daß »eine Beschreibung der Phänomene mit vorhandenen Prinzipien der Physik nicht möglich ist«.

Der Nachweis, daß die Schreiberausschläge psychokinetische Bewirkungen sind, unterstützte die Zeugenaussagen über die außergewöhnlichen Phänomene. Wir haben zahlreiche Augenzeugen befragt und ihre Aussagen auf Tonband aufgenommen. Ferner standen die Ermittlungsakten der Kriminalpolizei zur Verfügung und genaue Aufzeichnungen, die der Bürovorsteher, Herr Engelhard, als fast immer gegenwärtiger Zeuge angefertigt hatte. Mit einem Ampex-Videorecorder versuchten wir, mit der Fernsehkamera Phänomene im Vollzug objektiv festzuhalten. Wir konnten das Lampenschwingen aufnehmen und Knallerscheinungen registrieren, doch gelang es während der Anwesenheit der Freiburger Untersuchungsgruppe nicht, ein *neu* aufgetretenes Phänomen mit dem Bildtonband zu objektivieren: nach der oszillographischen Überprüfung der Schreiberausschläge begannen sich in wachsendem Maße Bilder an der Wand zu bewegen. In einigen Fällen rotierten sie um 360 Grad um die Aufhängevorrichtung oder sie fielen von der Wand. Im Beisein des technischen Leiters der E-Werk-Untersuchung ist es später Herrn Adam jun. gelungen, die Rotation eines Bildes um 320 Grad mit dem Videorecorder aufzunehmen. Die Unvorhersehbarkeit der Ereignisse und die von allen Spukforschern immer wieder betonte Tendenz dieser unbewußt gesteuerten Erscheinungen, sich der direkten Beobachtung zu entziehen, macht die objektive Dokumentierung überaus schwierig. Als Beispiel einer Zeugenaussage über Bewegungen von Bildern seien die Angaben von P. Brunner im Revisionsbericht Blatt 21 angeführt: »Bei einem kurzen Gespräch mit einer Bürokraft (Frl. Sch.) am kleinen Tisch vor dem Ölofen stand Herr Brunner direkt vor dem Blumenbild, als RA Adam von links kommend das Büro betrat. In diesem Moment drehte sich das Bild sehr rasch ca. 320 Grad im Linksdrehsinn, so daß sich der Aufhängedraht am Haken verwickelte. Mit aller Bestimmtheit hat niemand persönlich diesen Vorgang durch manuelle Betätigung ausgelöst, da er sich in ca. 1 m Entfernung vom Beobachter abspielte.«

Die Beobachtung von Herrn Brunner wurde durch den Revisor A. Mayr bestätigt, der sich zu gleicher Zeit in der Kanzlei befand. Im Revisionsbericht Blatt 22 wird darüber berichtet: »Er persönlich sah mit absoluter Sicherheit das plötzliche Verdrehen des Blumenbildes aus der Ruhestellung heraus, ebenfalls ohne jegliche Einwirkung von Personen.«

Drehen und Schaukeln von Bildern wurde auch am folgenden Tage vom Elektromeister Friedinger und Praktikant Meng von der

Revisionsabteilung der Stadtwerke direkt beobachtet. Beide Zeugen sagten mit Bestimmtheit, daß jede Einwirkung einer Person ausgeschlossen sei. Vielfach zersprangen zu dieser Zeit Osram-Glühbirnen. In einem Fall wiederholte sich das Zerspringen 3 Minuten nach der Auswechslung unter den Augen der Revisoren.

Aus Mangel an Mitteln und Personal konnte das Freiburger Institut keinen dauernden Beobachter in der Rosenheimer Kanzlei stationieren. Wir erhielten jedoch häufig telefonische Berichte, die auf Tonband aufgenommen wurden. Darunter befinden sich Augenzeugendarstellungen von Phänomenen, die während der telefonischen Verbindung beobachtet wurden. In einem Fall – 18. Dezember 1967 – wurde die Verbindung vier Mal unterbrochen. Der anwesende Revisor Mayr mußte jedesmal die 4 Sicherungsautomaten, die aus unerklärlichen Gründen ausgelöst hatten, wieder hineindrücken. Das Tonband gibt diese Vorgänge mit der Beschreibung sich drehender und wackelnder Bilder wieder.

Nach der Weihnachtspause kam Frl. Sch. nur noch in der Zeit vom 5. bis 17. Januar unregelmäßig in die Kanzlei. Sie war beurlaubt worden, drängte aber darauf, doch zu kommen. Sie hatte sich mit dem Kampf des RA Adam identifiziert, der sich gegen Diffamierungen in der Presse und in bestimmten Kreisen der Stadt Rosenheim wehren mußte. Man behauptete, daß die außergewöhnlichen Vorgänge trickhafte Veranstaltungen seiner Söhne seien. Die Phänomene steigerten sich in diesen 14 Tagen: unter den Augen des Physikprofessors P. Büchel SJ traten Schubladen selbsttätig heraus, ein 3½ Zentner schwerer Aktenschrank wurde um ca. 30 cm von der Wand abgerückt, Bilder und Kalender fielen von der Wand oder drehten sich. Knallerscheinungen und Zerplatzen von Birnen und Beleuchtungskörpern traten gehäuft auf. Es zeigten sich nun auch somatische und zugleich ›ansteckende‹ Phänomene: Frl. Sch. und eine ihr gegenübersitzende Angestellte klagten plötzlich über einen starken Druck im rechten bzw. (gegenüberliegenden) linken Ohr und wiesen an der betreffenden Seite eine starke, bis zum Hals hinunterreichende Rötung auf, die ein hinzugezogener Arzt als Hyperämie diagnostizierte. Frl. Sch. zeigte vorübergehende hysterische Kontrakturen der Arme und Beine. Zu dieser Zeit war eine Gruppe des Freiburger Instituts unter Leitung eines Arztes in der Rosenheimer Kanzlei tätig. Sie brachte Frl. Sch. in das Freiburger Institut, wo sie eingehend psychodiagnostisch untersucht wurde. Zugleich wurden erfolgreiche Telepathie-Experimente durchgeführt und ohne Ergebnis psychokinetische Versuche angestellt. Nach der Rückkehr von Frl. Sch. traten kurzfristig psychokinetische Phänomene in der Wohnung ihrer Familie und wahrscheinlich auch in einer anderen Anwaltskanzlei auf, in der sie ihre Lehrzeit beenden wollte.

Eine Analyse der räumlichen Verteilung der Vorgänge in bezug auf die Position des Agenten (Annemarie) zeigte eine abnehmende Häufigkeit mit wachsender Distanz, die mit den Resultaten von Roll und Artley vergleichbar ist. Das »Psi-Feld« scheint seine größte Intensität in dem Raum zu haben, in dem sich das »Medium« befindet. In diesem Fall schien die hypothetische »Psi-Energie« sich analog zu physikalischen Gesetzen zu verhalten, und es konnten keine Vorgänge beobachtet werden, die zu der Kategorie von Tizanés »Absonderlichkeiten« gehören. Die Bewirkungen waren mechanische, ohne daß eine physikalische Ursache angebbar war.

Ferner wurde der Frage der Motivation nachgegangen. Ein Beispiel bildet das plötzliche Rotieren der Bilder. Vor einer Reise hatte RA Adam in Gegenwart von Frl. Sch. geäußert: »Jetzt fehlt nur noch, daß sich auch die Bilder an der Wand bewegen!« Kurz darauf kam es zu dieser neuen Variante der außergewöhnlichen Erscheinungen. Die Bezogenheit auf RA Adam wurde deutlich, als sich – wie beschrieben – ein Bild bei seiner Ankunft in einer Art psychokinetischem Erfüllungszwang drehte.

Zur Klärung der Telefonstörungen wurden eingehende Ermittlungen angestellt. Die mit der Revision der Siemens-Hausanlage beauftragten Techniker gaben übereinstimmend an, daß die aufgetretenen Störungen – einseitige Verständigung, Zusammenbruch von Gesprächen, gleichzeitiges Läuten der vier Hausapparate etc. – nicht auf normale Weise erklärbar seien. Das Fernmeldeamt stellte die Aufzeichnungen der automatischen Gesprächskontrolle zur Verfügung, aus denen zu entnehmen war, daß nach der Entfernung der Siemens-Anlage und nach Installierung eines einzigen Prüfapparates der Post mit Zählwerk oft in einer Minute vier- bis fünfmal die Zeitansage 0119 gewählt worden war. An einigen Tagen wurde diese Nummer 40 bis 50 Mal hintereinander gewählt. Das Fernmeldeamt hatte systematisch alle Störungsquellen nachgeprüft und kam zu dem Schluß, daß die Wahlen in der Kanzlei erfolgt sein müßten. Diese wiederum wehrte sich auf das Entschiedenste gegen diese Unterstellung und wies darauf hin, daß mehrfach beobachtet worden war, daß die Zähluhr weiterlief, ohne daß gesprochen wurde. Wir konnten einen solchen Fall durch Zeugenbefragung bis in alle Einzelheiten klären. Es stellte sich heraus, daß in Anwesenheit des Steuerberaters Dr. Schmidt die Zähluhr um mehrere Teilstriche weiterlief, ohne daß gesprochen wurde. Der Zeuge blieb am 19. Oktober 1967 von 17.35 Uhr bis 17.55 Uhr in der Kanzlei und gab vor Verlassen der Kanzlei die schriftliche Erklärung ab, daß während seiner Beobachtungen an dem einzig vorhandenen Apparat nicht gesprochen wurde. Zur selben Zeit registrierte die automatische Gesprächskontrolle 4 Anrufe nach München.

Mit Telefonspezialisten stellten wir fest, wie eine hypothetische psychokinetische Einwirkung an dem Mechanismus des Telefonapparats ansetzen müßte, um ohne Bewegung der Nummernscheibe 0119 zu wählen. Die Einwirkung könnte ›mechanisch‹ auf bestimmte Federn in bestimmten Zeitintervallen erfolgen. Sie müßte aber dann von einer Intelligenz gesteuert sein, die über ein genaues technisches Wissen verfügt und imstande ist, Zeitintervalle im Bereich von Millisekunden abzuschätzen.

Der Spukfall Rosenheim hat mit anderen Spukfällen gemeinsam, daß die Phänomene anscheinend von Krisen- und Spannungszuständen einer jugendlichen Person abhängig sind und eine Steigerung durch die Einstellung der Beobachter erfahren. Die spezifische Situation in der Anwaltskanzlei, insbesondere das außerordentlich intensive Interesse des Rechtsanwalts an den Phänomenen, verbunden mit der Übertragung, die Frl. Sch. auf ihren Chef hatte, erzeugte das »affektive Feld«, das immer zur Entfaltung von Psi-Phänomenen erforderlich ist. Mindestens 40 Personen vieler Berufsgruppen wurden Zeugen der Phänomene oder ihrer Folgen: Techniker, Polizei, Ärzte, Physiker, Psychologen, Klienten des Anwalts, Büropersonal und andere mehr. Das Ausmaß dieser »Öffentlichkeit« ist einer der Züge, die diesen Fall so bemerkenswert machen.

Als Annemarie Mitte Januar 1968 eine andere Stelle vermittelt wurde, hörten die Erscheinungen schlagartig auf.

Schauplatz unseres letzten Falles war Nicklheim, ein kleines ober-
bayerisches Dorf, wenige Kilometer von Rosenheim entfernt. Die
Phänomene spielten sich in der Familie eines Baggerführers ab, die
in einem kleinen Einfamilienhaus wohnte. Sie hingen von dem einzigen Kind, der 13 Jahre alten Tochter Brigitte, ab. Der Spuk begann
in klassischer Weise Ende November 1968 mit Klopfen an Fenstern
und Türen; dann drangen Steine in die Wohnung ein, auch in
geschlossene Räume, was durch zahlreiche Zeugenaussagen erhärtet
ist. Gewöhnlich verschwanden die Steine wieder. Als wir mit der
Untersuchung begannen, stellten wir den Bewohnern eine Stahlkas-
sette zur Verfügung, in die die Steine – numeriert – eingeschlossen
wurden. Mit diesen Steinen geschah nichts Auffälliges.

Die Vorgänge wurden von zahlreichen Zeugen beobachtet. Toi-
lettenartikel, Püppchen, kleine Figuren flogen durch die Räume,
manchmal in anormaler Flugbahn, oder wurden irgendwo versteckt.
In den Hüten von Besuchern fanden sich plötzlich aufgeschlagene
Eier, Wäsche kam aus den Schubladen, Puppen wurden entkleidet in
sexuellen Positionen gefunden, Schuhe mit Wasser gefüllt. Wir kon-
zentrierten unsere Untersuchung auf Phänomene vermutlicher Apporte und auf das Herauskommen von Objekten aus verschlossenen
Behältern. Einige Beispiele: Im Augenblick, als der Ortsgeistliche
das Haus aussegnen wollte, fiel in der geschlossenen Küche ein Stein
von der Decke und blieb auf dem Vorsprung einer Kommode wie
angeklebt haften. Der Priester hob ihn auf: Der Stein fühlte sich
warm an. Ein Zeuge gab an, daß ein Manschettenknopf aus der
geschlossenen Glasvitrine in der Küche herauskam und erst sichtbar
wurde, als er in der gegenüberliegenden Ecke niederfiel.

Rechtsanwalt Adam, in dessen Rosenheimer Kanzlei sich der
bekannte Spuk abgespielt hatte, überprüfte die Berichte der Familie
in einem Experiment. Man hatte ihm berichtet, daß verschwundene
Objekte später außerhalb des Hauses niederfielen. Rechtsanwalt
Adam stellte zwei besonders häufig bewegte Gegenstände: zwei
Fläschchen, die Parfüm und Tabletten enthielten, auf den Küchen-
tisch, bat alle Bewohner, das Haus zu verlassen, schloß Fenster und
Türen und ging selbst hinaus. Nach kurzer Zeit erschien die Parfüm-

flasche in der Höhe des Daches außerhalb des Hauses und etwas später die Tablettenflasche. Beide fielen nicht geradlinig, sondern im Zickzack. Rechtsanwalt Adam gab den Bericht sofort telefonisch an das Freiburger Institut, wo er auf Tonband aufgenommen wurde. Diese Beobachtung ermutigte uns, eine objektive Dokumentation zu versuchen. Wir stellten die am häufigsten bewegten Figuren in die Glasvitrine der Küche, taten alles Erdenkliche, um die Familie zu motivieren, sie möge mit uns »wünschen«, daß die Gegenstände herauskämen und machten während zweier Stunden fortlaufende Aufnahmen der Glasvitrine auf einem Video-Recorder. Nach diesem Mißerfolg beschlossen wir, die Glasvitrine zu versiegeln. Wir mußten Helfer delegieren, die von der Polizei unterstützt werden sollten, weil wir nach Freiburg zurückkehren mußten. Der Polizeibeamte sagte in letzter Minute ab, da er von höherer Stelle Weisung erhalten hatte, an dem Experiment nicht teilzunehmen.

Nach einigen Tagen berichtet Brigittes Mutter, daß eine der Figuren aus der Vitrine herausgekommen sei. Als sie die Küchentüre vom Dorf zurückkommend öffnete, habe sie ein Geräusch gehört und gesehen, daß der Lampenschirm, den wir bei unserer Untersuchung leicht beschädigt hatten, auf den Boden gefallen war und mit ihm eine der Figuren, die in der Vitrine eingeschlossen waren. Wir baten den Münchner Physiker Dr. Karger, die Versiegelung der Vitrine zu kontrollieren. Er entdeckte, daß eine der Glasscheiben durch eine Unvollkommenheit der Versiegelung in einer schwierig herauszufindenden Weise um etwa 1 cm bewegt werden konnte. Das hätte gerade genügt, um die Figur herauszuangeln. Der objektive Beweis war dadurch zunichte geworden; aber ich möchte betonen, daß wir niemals auch nur den leisesten Hinweis auf eine falsche Zeugenaussage von Brigittes Mutter festgestellt haben.

Auch meine eigenen Beobachtungen machten die Realität einer Durchdringung der Materie immer wahrscheinlicher: Ich hatte am späten Abend die ganze Familie in der Küche unter Kontrolle. Mein Mantel hing in der kleinen angrenzenden Garderobe, das Tonbandgerät lief. Brigitte hörte eine Katze vor der Eingangstür miauen. Ihre Mutter verließ die Küche, um sie hereinzulassen. Sie kam eilends zurück und sagte: »Ihr Mantel liegt außerhalb des Hauses sorgfältig ausgebreitet neben der Treppe.« Es war bitterkalt und die äußere

Tür war während der ganzen Zeit geschlossen. Wir kontrollierten die Zeit nach der Tonbandaufnahme: Die Mutter war genaue 8,5 Sekunden außerhalb der Küche gewesen. Wir kontrollierten weiter die Zeit, die erforderlich war, um aus der Küche in die kleine Garderobe zu gehen, den Mantel abzunehmen, ihn die Treppe herunterzutragen und auf dem Schnee auszubreiten. Die beste Leistung wurde nach einigen Versuchen in 21 Sekunden erzielt. So unglaubwürdig es auch klingen mag – der Verdacht eines anormalen Transportes ist nicht auszuschalten.

Diese und andere Beobachtungen veranlaßten uns, eine objektive Dokumentation dieser Phänomene zu versuchen. Wir konstruierten einen vorne offenen Kasten, in den die Figuren in photoelektrische Lichtschranken gestellt wurden, die bei der geringsten Bewegung über ein Relais Halogenlampen, automatische Photogeräte und eine Filmkamera auslösten, die den Kasten und den ganzen Raum kontrollierten. Die offene Seite des Kastens war mit einem photoelektrischen Lichtvorhang versehen, der jede Durchdringung anzeigte. Außerdem konnte er durch eine Glasscheibe verschlossen und diese versiegelt werden. Aus Mangel an Mitteln mußten wir darauf verzichten, die aus Zeugenaussagen zu vermutende Flugbahn der »plötzlich in der Luft sichtbar werdenden Körper« mit einer Hochfrequenzkamera – ca. 10 000 Aufnahmen pro Sekunde – zu filmen.

Obwohl die Familie für einen Erfolg dieser Versuchsanordnung im höchsten Maße motiviert worden war, geschah nur Geringfügiges. Als wir einmal außerhalb des Hauses waren, sahen wir, daß die Lampen plötzlich aufleuchteten. In dem sofort kontrollierten Kasten war eine kleine Beatle-Figur umgefallen. Der Lichtvorhang hatte nicht reagiert; es konnte also kein Eingriff von außen erfolgt sein. Die automatisch ausgelösten Photos und Filme gaben nicht den geringsten Hinweis auf eine mögliche Störung, wie etwa die den Kasten anspringende Katze, die die Figur hätte zu Fall bringen können. Viele Tage war dieselbe Figur fest im Kasten gestanden trotz der Erschütterung, die durch den Aufenthalt der Familienmitglieder und Besucher in dem betreffenden Raum verursacht wurden. Das kleine Ereignis blieb unerklärt; es könnte sich um initiale PK-Bemühungen handeln, die Figur zu bewegen.

Als immer mehr schaulustige Besucher kamen und die Wissenschaftler auf Phänomene warteten, begannen Brigitte und ihre Freundin Heidi zu betrügen. Die beiden Mädchen taten es mit großem Geschick, und wir mußten unter der Maske eines Mitarbeiters einen kriminalistischen Experten an der Untersuchung beteiligen, um den Beweis des Betruges mit Hilfe von Fingerabdrücken etc. objektiv zu führen.

Dieser noch nicht voll ausgewertete Fall zeigt eine außerordentliche Häufung von »Absonderlichkeiten« bzw. von Vorgängen, die auf keinen Fall im Rahmen der bekannten physikalischen Gesetze eingeordnet werden können. Für das Freiburger Team ist er eine Aufforderung zur technischen Perfektion der Methoden objektiver Dokumentierung, und wir hoffen, daß es uns eines Tages möglich sein wird, überzeugende Beweise für den seltsamsten und beunruhigendsten Aspekt der Spukphänomene beizubringen: die Apporte und die Durchdringung der Materie.

In diesem Überblick über die Freiburger Spukuntersuchungen habe ich besonderes Gewicht auf den Zugang von außen und auf unsere Bemühungen gelegt, eine objektive Dokumentation so weit als möglich voranzutreiben. Natürlich hat eine objektive Dokumentierung nur dann eine gewisse Erfolgschance, wenn die nötigen technischen Einrichtungen mit Zurückhaltung gehandhabt und dem psychologischen Klima des Falles angepaßt werden. Im Nicklheim-Fall z. B. versuchten wir die Familie durch den Hinweis für eine Mitarbeit zu motivieren, daß die meisten Leute in der Nachbarschaft sie als Betrüger ansahen und daß wir ihnen helfen wollten nachzuweisen, daß die unglaublichen Vorgänge wirklich geschehen. Dies erwies sich als hilfreiche Beeinflussung ihrer bewußten Einstellung zu unseren Untersuchungstechniken. Natürlich ist es viel schwieriger, die unbewußte Psyche des Spukagenten zu beeinflussen und die Schichten der Persönlichkeit zu motivieren, aus denen die unbekannten Kräfte intelligent kontrolliert werden. Die beste Einflußmethode ist zweifellos Hypnose. Der Berater muß herausfinden, welche Strategie sich am effizientesten erweist, um die bekannte Tendenz der Spukphänomene zu überwinden, sich der Untersuchung zu entziehen. Eine solche Strategie – wie sie Jule Eisenbud vorschlug – könnte in der künstlichen hypnotischen Herbeiführung eines aggressiven Zustandes und in der Verhinderung einer normalen Entladung durch eine nicht erinnerte posthypnotische Suggestion bestehen. Man könnte dem spukauslösenden Medium in Hypnose die posthypnotische Suggestion geben, ein bestimmtes Objekt zu zerbrechen. Bei allen Anordnungen ist zu berücksichtigen, daß der »Poltergeist« – er sei für einen Augenblick als Entität angesprochen – nicht getäuscht werden kann. Er weiß alles über die Filmkameras, die man noch so sorgfältig hinter Vorhängen oder an anderen klug ausgedachten Orten versteckt hat.

In Kürze möchte ich einige Paradigmata von Vorgängen beleuchten, die mir für die Bildung einer möglichen Hypothese besonders bedeutsam zu sein scheinen. Im Rosenheim-Fall wurde ein dreieinhalb Zentner schwerer Aktenschrank zweimal um nahezu 30 cm von der Wand weggeschoben. Die dazu erforderliche Energie übersteigt bei weitem die körperliche Fähigkeit des 19 Jahre alten spukauslösenden Mädchens. Sollen wir annehmen, daß die hypothetische Psi-Energie – wie manche Autoren es tun – nicht mit den normalen körperlichen Kräften des Agenten überstimmt? Oder sollten wir nicht vielmehr die Möglichkeit erörtern, daß der Agent vorhandene Energie organisiert und sie nicht selbst erzeugt? Dieses Konzept ist in dem Freiburger Rundgespräch »Psi-Psyche-Materie«[13] von Dr. John Beloff diskutiert worden. Es ist offensichtlich verschieden von dem Konzept einer Konversion von Psi-Energie in kinetische Energie im Sinne von Roll und Artley.

Die wahrscheinliche Durchdringung der Materie würde uns, wenn als Tatsache erwiesen, endgültig zwingen, den Bezugsrahmen der bekannten physikalischen Gesetze zu verlassen. Unter dem Eindruck der wahrscheinlichen Durchdringungseffekte in dem Nicklheim-Fall fragte ich Prof. Petzold, den Marburger theoretischen Physiker, ob es irgendeine Vorstellung in der Physik gebe, die auf das Penetrationsphänomen angewandt werden könnte. Er antwortete – andere Physiker haben seinen Standpunkt erhärtet –, daß solche Phänomene, wenn sie tatsächlich geschehen, in kein Modell der Physik eingeordnet werden können. Etwas vollständig Neues scheine hier zu geschehen. Der Nicklheim-Fall scheint Prof. Petzold sehr verschieden vom Rosenheim-Fall, der für den Physiker keine offenbaren Widersprüche zu Begriffen der Physik aufwirft. Wenn man in bezug auf das Durchdringungsphänomen annimmt, daß die Gegenstände in eine Energieform transformiert werden, die keine Interaktion mit den materiellen Komponenten von geschlossenen Räumen hat (z. B. die Transformation in Neutronen), dann würde eine solche Umwandlung Energien erfordern, die bei weitem die einer Wasserstoffbombe übersteigen. So bleibt also das Problem völlig offen.

Man sollte vielleicht aufs neue die Hypothese eines höheren Raumes oder einer »vierten Dimension« diskutieren. Einer der Physiker, mit dem ich korrespondierte, wies auf die Möglichkeit der alten Hypothese eines höheren Raumes hin, der eine vierfache Freiheit der Bewegung gestattet. In der Tat ist kein Raum geschlossen, wenn ein Objekt sich in einer vierten Dimension bewegen kann. Ein solches Objekt würde augenblicklich erscheinen oder verschwinden. Es gibt keine a priori-Argumentation gegen die Vierdimensionalität des Raumes, aber es gibt auch kein empirisches Material zugunsten dieser Hypothese in der gegenwärtigen Wissenschaft. Ernst Mach, der bekannte deutsche Physiker, diskutierte die vierte Dimension des Raumes zu Beginn dieses Jahrhunderts als rein mathematisches Konzept, fügte aber hinzu, daß das Erscheinen oder Verschwinden von Gegenständen die beste Evidenz für eine höhere Dimensionalität des Raumes geben würde.

Ich möchte mit einem Zitat aus dem Werk von A. R. G. Owen »Can We Explain the Poltergeist?« schließen, das meine eigenen persönlichen Gefühle gegenüber dem Spukphänomen gut zum Ausdruck bringt: »Es ist plausibel anzunehmen, daß die bei solchen Phänomenen potentiell gegenwärtigen Kräfte in ihrer Stärke mit normalen biologischen vergleichbar sind. Aber wir wissen das nicht, und es können tatsächlich wie im Atom titanische Kräfte für eine Verwertung latent vorhanden sein. Wäre dies so, dann blieben sie am besten Rätsel solange, bis das gesellschaftliche Gewissen des Menschen (wenn er überhaupt eines hat) ihn über seinen gegenwärtigen Zustand eines Zauberlehrlings herausgehoben hat.«

Anmerkungen

[1] Vgl. Allensbacher Jahrb. f. d. öffentl. Meinung 3 (1956).

[2] Vgl. W. G. Roll (Hrsg.), Proceedings of the Parapsychological Association. 5 (1968), S. 31–33.

[3] J. Glanvil, Sadducismus Triumphatus, or, A full and plain Evidence concerning Witches and Apparitions. T. 1. u. 2. London ⁴1721.

[4] A. R. G. Owen, Can We Explain the Poltergeist? New York 1964.

[5] H. Thurston, Poltergeister. Luzern 1955.

[6] F. Moser, Spuk. Irrglaube oder Wahrglaube? Vorrede von C. G. Jung. Baden bei Zürich 1950.

[7] E. Tizané, Sur la Piste de l'Homme Inconnu. Les Phénomènes de Hantise et Possession. Paris 1951.

[8] J. L. Artley und W. G. Roll, Mathematical Models and the Attenuation Effect in Two RSPK (Poltergeist) Cases. In: W. G. Roll (Hrsg.), Proceedings of the Parapsychological Association, 5 (1968), S. 29–31; vgl. auch W. G. Roll, Poltergeist Phenomena and Interpersonal Relations. In: Journal A. S. P. R. 64 (1970), S. 66–99.

[9] J. G. Pratt und W. G. Roll, Die Vorfälle in Seaford. In: Z. f. Parapsychol. u. Grenzgeb. d. Psychol. 2 (1958/59), S. 86–103.

[10] Vgl. dazu H. Bender, A Poltergeist Visits the Mayor. In: Tomorrow 1 (1953), Nr. 3, S. 34–44.

[11] Vgl. U. Timm, ASW-Experimente bei einem Fall spontaner Psychokinese. In: Z. f. Parapsychol. u. Grenzgeb. d. Psychol. 10 (1967), S. 5–17.

[12] Vgl. F. Karger und G. Zicha, Physikalische Untersuchung des Spukfalles in Rosenheim 1967. In: Z. f. Parapsychol. u. Grenzgeb. d. Psychol. 11 (1968), S. 113–131.

[13] Vgl. Z. f. Parapsychol. u. Grenzgeb. d. Psychol. 11 (1968), S. 132–142.

Parapsychologie und Spiritismus *

I. Im Frühling 1848 geschahen merkwürdige Dinge im Haus des angesehenen Methodisten Mr. Fox in dem Dorfe Hydesville in Maine, einem Staate der USA. Als sich die Familie eines Abends zur Ruhe begeben wollte, begann es zu klopfen. Vergebens suchten Mr. Fox und seine Frau nach der Ursache des störenden Geräusches. Eines der drei Kinder, die schon zu Bett gebracht waren, klatschte in die Hände. Zum allgemeinen Erstaunen klopfte das unbekannte Wesen im selben Rhythmus. Es antwortete auch mit der richtigen Zahl Schläge, als Mrs. Fox nach dem Alter ihrer Kinder fragte. Viele Menschen kamen nun abends zu der Familie und setzten sich, um das Klopfen zu hören, um einen Tisch. Jetzt schien das Klopfen aus dem Tisch zu kommen. Jemand kam auf den Gedanken, das Alphabet aufzusagen und das unbekannte Wesen zu bitten, durch Klopftöne Buchstaben zu bezeichnen und damit auf Fragen zu antworten. So erfuhr man, daß der »Klopfgeist« einst zu einem Manne gehört habe, der Krämer gewesen sei, in diesem Hause wohnte und dort ermordet wurde.

Das Phänomen stellte sich nicht ein, wenn die Kinder abwesend waren. Doch ließ sich dann der Tisch zum Klopfen bewegen, wenn die Anwesenden ihre Hände in geschlossenem Kreis auf die Platte legten und Fragen stellten. Durch Heben und Senken eines Beines antwortete der Tisch. So entstand das *Tischrücken*. Wie eine Epidemie verbreitete es sich über Amerika in nahezu alle Länder der Erde. Millionen Menschen glaubten und glauben es noch heute, durch ein solches Verfahren mit Verstorbenen in direkte Verbindung zu kommen. Manche Menschen erwiesen sich für die Vermittlung solcher angeblicher Geisterbotschaften als besonders geeignet. Man nannte sie »Medien«, das heißt Mittler. Solche Medien geraten leicht in einen veränderten Bewußtseinszustand, die sogenannte Trance, und sprechen dann ohne wachbewußte Steuerung, gleich als ob ein »Geist« aus ihnen rede. Oder sie schreiben unter Ausschaltung ihrer

* Nach einem Vortrag in der Österreichischen Gesellschaft für Parapsychologie am 5. April 1971 in Wien.

bewußten Aufmerksamkeit mit einem Stift und meinen, daß ihre Hand von einer fremden Intelligenz geführt werde.

Die Massenbewegung, die fest davon überzeugt ist, daß Verstorbene mit Hilfe solcher Menschen mit den Lebenden in Verbindung treten können, nennt man »Spiritismus«. Mit der christlichen Lehre hat der Spiritismus den Glauben an ein persönliches Fortleben des Menschen nach dem leiblichen Tode gemeinsam. Die angeblichen Kundgebungen aus dem Jenseits werden von den Anhängern des Spiritismus als »Offenbarungen« angesehen. Alles, was das Medium in Trance von sich gibt oder was durch Tischrücken, »Geisterschreiben« und andere spiritistische Praktiken produziert wird, gilt als von »Drüben« kommend, als letzte Weisheit, der mehr Glauben zu schenken sei als der Lehre der Kirchen, mit denen diese Kundgebungen vielfach keineswegs übereinstimmen.

Für unzählige Menschen wurden diese »Botschaften« von Verstorbenen zu einem Trost und die Verbindung mit dem »Jenseits« zur Erbauung. Ein typisches Beispiel solcher tröstender »Botschaften« durch klopfende Tische ist das Erlebnis des französischen Dichters Victor Hugo. Eine sterbenskranke Freundin besuchte ihn 1854 auf der Insel Jersey, wo er in Verbannung lebte, um Abschied zu nehmen. Erfüllt von dem neuen Wunder der »sprechenden Tische« veranlaßte sie den Dichter zu experimentieren, was er widerstrebend tat. Nach langen Mißerfolgen kamen schließlich einige wenig überzeugende Äußerungen des Tisches. Plötzlich weigerte er sich, auf banale Fragen zu antworten, bewegte sich aber trotzdem, gewissermaßen ungeduldig, als ob er etwas zu sagen hätte. »Ist der gleiche Geist da?« fragte die Freundin. Der Tisch klopfte »Nein«. »Wer bist Du?« fragte man weiter. »Nun kam«, schreibt ein Teilnehmer dieser Sitzung, »nun kam das Unglaubliche. Der Tisch antwortete mit dem Namen einer Verstorbenen, die allen Anwesenden vertraut war – der Schwester Victor Hugos. Niemand hätte das Herz oder die Stirn gehabt, sich ein Trittbrett aus diesem Grabe zu machen. Eine Mystifikation war schon sehr schwer anzunehmen, aber eine Infamie! Der Bruder befragte die Schwester, die dem Tode entstieg, um den Verbannten zu trösten. Die Mutter weinte, und eine unbeschreibliche Emotion bemächtigte sich aller. Ich empfand deutlich die Anwesenheit derjenigen, die uns das harte Schicksal entrissen hatte. Sie antwortete auf alle Fragen oder erklärte: ›es sei ihr nicht gestattet‹. Die Nacht verstrich, und wir waren noch da, die Seele gebannt von der unsichtbaren Erscheinung. Schließlich sagte sie ›Adieu‹ und der Tisch rührte sich nicht mehr.«

Diese Schilderung ist charakteristisch für den Eindruck des Fremden, von einer jenseitigen Sphäre Kommenden, den solche »Botschaften« nach Form und Inhalt in einer gefühlsgeladenen Atmosphäre machen können. Hier wird in der Tat durch den klopfenden Tisch etwas mitgeteilt, was im höchsten Grade überraschend ist und nicht bewußt verursacht oder gar betrügerisch vorgetäuscht wird. Natürlich kann mit dem Tischrücken Schabernack getrieben und das Klopfen absichtlich hervorgebracht werden. Die vielen Tausende von Menschen, die den klopfenden Tisch befragen oder mit einer ähnlichen Praktik, dem »wandernden Glas«, durch Berühren kreisförmig angeordneter Buchstaben des Alphabets »Botschaften« erhalten, sind aber sicherlich nicht alle Opfer von Witzbolden. Sie wissen wirklich nicht, was auf diese Weise produziert wird, sondern sind von den Mitteilungen überrascht, als läsen sie eine Information aus fremder Hand. Nun sind wir gewohnt, daß intelligente Äußerungen, Antworten auf Fragen, spontane Mitteilungen oder was sonst noch an geistigen Inhalten produziert werden mag, aus einem denkenden Bewußtsein stammen, das dafür verantwortlich ist und weiß, was es hervorgebracht hat. Daß wir auch denken können, ohne es zu wissen, daß es ein unterbewußtes, »verselbständigtes« Denken gibt, erscheint vielen Menschen unglaubwürdig, ja als eine Art Paradoxie. Selbst eine ganze Reihe von Psychologen widersetzen sich der Anerkennung unterbewußter intelligenter Produktionen. Sie versperren sich damit den Zugang zum Verständnis vieler »okkulter« Erscheinungen, die auf einer besonderen Aktivität des Unterbewußten medial begabter Persönlichkeiten beruhen. Ganz alltägliche Beobachtungen können das Verständnis erleichtern: warten wir ungeduldig auf eine Telefonverbindung oder hören wir einen langweiligen Vortrag, so kann es passieren, daß wir Worte oder ganze Sätze kritzeln oder Zeichnungen anfertigen, ohne es zu beachten. Wir nehmen diese Erzeugnisse nachher zur Kenntnis wie Mitteilungen oder Produktionen von fremder Hand. Bei manchen Menschen geht diese Abspaltung intelligenter Äußerungen von der willkürlichen, bewußten Steuerung weiter: »Schreibmedien« produzieren unbewußt handschriftlich lange Mitteilungen, ohne daß der Text von ihrem wachen Ich geformt wird. Im Volksmund nennt man dies »Geisterschreiben«, die Psychologie spricht vom »automatischen Schreiben« und bezeichnet Menschen, die eine besondere Fähigkeit für solche unterbewußten Produktionen haben, als »Automatisten«[1].

Der klopfende Tisch ist ein »Steigrohr des Unbewußten«. Bei den einfachen Formen dieses Phänomens kommt das intelligente Klopfen durch eine unwillkürliche Gewichtsverlagerung der auf der Platte ruhenden Hände zustande. Meist ist ein Teilnehmer, der Automatist, führend, ohne es zu wissen. Wird das Alphabet aufgesagt, so reagiert er unbewußt bei den Buchstaben, aus denen sich die Mitteilung zusammensetzt. Solche Mitteilungen »verselbständigten Denkens« kommen viel einfacher und schneller mit dem »wandernden Glas« zustande, bei dem mehrere Personen oder auch nur eine den Finger auf ein umgestülptes Glas, eine Tasse oder einen anderen, leicht beweglichen Gegenstand legen, die sich in einem Kreis aus den Buchstaben des Alphabets verschieben lassen. Durch Berühren der Buchstaben werden Worte gebildet, oft so schnell, daß der Protokollant kaum folgen kann. Andere Vorrichtungen dieser Art sind das »oui-ja board«, ein Buchstabenbrett, auf dem eine, Planchette genannte, bewegliche Holzscheibe, die mit der Hand leicht bedeckt wird, hin und her gleitet.

Diese unterbewußten Produktionen sind auch bei Automatisten, die dem Spiritismus fernstehen, oft so abgefaßt, als ob sie von fremden Intelligenzen, von Geistern herrührten. Eine meiner Versuchspersonen buchstabierte einmal mit dem wandernden Glas »Hier spricht Nathanael«. Ich fragte »Wer ist das?« »Ein tapferer Zimmerer«, hieß die Antwort, die dann gleich ins Alberne absank: »Er zimmert sein Leben.« Die Automatistin konnte sich nicht erinnern, jemals den Namen »Nathanael« gehört zu haben. In diesem Fall löste sich das Rätsel. Ich hatte gerade die »Nourritures terrestres« von André Gide gelesen, in denen dieser Name vorkommt. Es ist möglich, daß die Versuchsperson das offene Buch gesehen hat und unbemerkt einen Eindruck von dem Namen erhielt. Vielleicht habe ich ihr auch »Nathanael« telepathisch übertragen. Es gibt unzählige experimentelle Beobachtungen, die zeigen, daß die »spiritistischen

Praktiken« Eindrücken zur Äußerung verhelfen, die nicht mit den normalen Sinnesorganen erworben wurden, sondern telepathischen oder hellseherischen Ursprungs sind. Das hellwache Bewußtsein hemmt den Durchbruch solcher paranormalen Informationen, daher werden von alters her solche magischen Praktiken verwendet, um die Tiefenschichten des Seelischen »anzuzapfen«. Ich kenne Fälle, bei denen durch Tisch- oder Glasrücken die verborgensten Dinge ans Licht kamen. Da buchstabiert zum Beispiel eine Automatistin, die fest davon überzeugt ist, durch das wandernde Glas ständig Botschaften von ihrem vor 30 Jahren verstorbenen Bruder zu erhalten: »Kümmere Dich um Onkel Kilian.« Die Frage nach dem Familiennamen blieb unbeantwortet. Das Glas berührte lediglich drei Buchstaben und blieb dann stecken. Der Auftrag des jenseitigen Bruders ließ die Schwester nicht ruhen. Mit vieler Mühe forschte sie nach und fand endlich heraus, daß »Onkel Kilian« ein Fußball-Fan war, der die Mannschaft, in der ihr Bruder spielte, auf ihren Reisen begleitete. Sie konnte seine Adresse ermitteln. Der alte Mann lebte in bitterster Not und konnte nun unterstützt werden.

Die plausibelste Hypothese scheint in der Tat der spiritistische Glaube der Automatistin zu sein: nur der Bruder aus dem Jenseits, sehend in seiner Entkörperung, kann Urheber der »Botschaft« sein. In dem säkularen Streit zwischen Spiritisten und Animisten ist immer wieder erörtert worden, daß ein solcher Schluß nicht zwingend ist. Man kann ein solches, sicherlich tief bewegendes Ereignis auch anders interpretieren. So wäre eine aus der lebendigen Erinnerung an den Bruder stammende unbewußte Kombination denkbar: »Da war doch ein Onkel Kilian. Wie mag es ihm jetzt ergehen? Vielleicht lebt er noch, alt, schwach und mittellos.« Es ist aber auch eine paranormale Deutung zu erwägen: eine telepathische Identifizierung mit dem Schicksal des Betroffenen wäre möglich oder eine hellseherische Information über sein Ergehen. Gewiß vollzieht sich ein solcher Vorgang »im Geiste des Verstorbenen«, aber er kann nicht das persönliche Überleben des Todes beweisen.

Von naiven Spiritisten werden unterschiedslos alle Kundgebungen der klopfenden Tische oder anderer Praktiken als von »Drüben« kommend gläubig hingenommen, auch wenn sich die angeblichen Mitteilungen aus dem Jenseits als hochtrabende Banalitäten entpuppen. Kritiklos wird von dem vulgären Offenbarungsspiritismus geglaubt, daß sich die Geister von Goethe, Kant, Napoleon oder anderen erlauchten Verstorbenen tischrückenden Kränzchen mitteilen. Ist der Unsinn allzu manifest, wird er »Foppgeistern« zugeschrieben. Der Mißbrauch der spiritistischen Praktiken ist gefährlich und kann zu schweren Schädigungen des seelischen Gleichgewichts führen. Unterbewußte Komplexe, die sich als »Geister« gebärden, können sich zu störenden Scheinpersönlichkeiten entwickkeln. Es entsteht dann eine Art »Besessenheit« durch die Geister, die man rief, eine »mediumistische Psychose«: die dunklen Seiten der eigenen Tiefe werden selbständig und zerstören die Einheit der Persönlichkeit. Die Überzeugung, plötzlich mit Verstorbenen in Verbindung zu stehen, kann bei hysteroiden Menschen eine pathologische Ergriffenheit auslösen. Sie wird zu einem »Sesam öffne dich« für die Dämonen der Tiefe. Stimmenhören, Zwangshandlungen, völliger Verlust der freien Selbstbestimmung sind die katastrophalen, meist zu Suicidhandlungen führenden Folgen[2]. Es soll demgegenüber nicht abgestritten werden, daß es auf einer höheren Stufe eigentümliche Erlebnisse einer fortdauernden Verbindung mit Abgeschiedenen gibt, die — obwohl nicht beweisbar — eine der Reifung dienende produktive Fortsetzung des Gesprächs mit dem einstmals Lebenden sind und keiner die seelische Gesundheit schützenden Aufklärung bedürfen[3]. Die spiritistischen Praktiken, die wir in ihrer einfachen Form als ein »Steigrohr des Unbewußten« erkannt haben, zeigen noch einen anderen, sehr umstrittenen Aspekt, den ich nur andeuten kann. Von einer Reihe sogenannter »physikalischer Medien« — so von der 1918 verstorbenen Italienerin Eusapia Paladino —, aber auch von Teilnehmern privater Zirkel wird behauptet, daß sich der Tisch oder das Glas in seltenen Fällen auch ohne direkte Berührung bewegen. Dadurch wird der Eindruck des Außergewöhnlichen, »Überirdischen« erhöht und für den Uninformierten die Geisterhypothese unterstützt. Die Parapsychologie untersucht solche Vorgänge bekanntlich unter dem Stichwort »Psychokinese« und hat, vor allem auch durch die Untersuchung personengebundener Spukerscheinungen, genügend Beweismaterial erbracht, um eine solche direkte, physikalisch vorläufig unerklärbare Wirkung des Menschen auf Dinge der Körperwelt als Tatsache ansehen zu können.

II. Die von der Parapsychologie in Laboratoriumsexperimenten und Feldforschung bewiesenen Phänomene der Außersinnlichen Wahrnehmung (Telepathie, Hellsehen und Präkognition) und der Psychokinese (einschließlich der noch weiterer Beweise bedürfenden Materialisationsphänomene, d. h. der von einem Medium abhängigen Bildung von Gestalten) sind die Grundlage der »*animistischen Theorie*«. Sie bezieht sich auf den Psychismus lebender Menschen, um alle parapsychischen Beobachtungen, auch die anscheinend von Verstorbenen bewirkten, einzuordnen. Für den Spiritismus sind »leibfreie« Seelen fähig, mit noch leibbehafteten unter gewissen, in den »Medien« verwirklichten Bedingungen in telepathischen Wissensaustausch zu treten oder aber den Leib der Medien unmittelbar zu Äußerungen (Sprechen, Schreiben usw.) zu benutzen. In der qualifizierten spiritistischen Literatur werden bestimmte Beobachtungen paranormalen Geschehens zusammengestellt, die als »Evidenz« für das persönliche Überleben des Todes angesehen werden. Eine eingehende Erörterung der Phänomene, die angeblich zu Gunsten der spiritistischen Lehre sprechen, hat Emil Mattiesen in seinem dreibändigen Werk »Das persönliche Überleben des Todes«[4] gegeben. Er bezieht sich vor allem auf das Material der britischen »Society for Psychical Research«, als dessen gründlicher Kenner er sich erweist. Zwei große Versuche, die spiritistische Hypothese zu erhärten, waren dieser Darstellung vorangegangen: das im Streit mit dem Philosophen Eduard von Hartmann geschriebene Buch des russischen Staatsrates A. N. Aksakow »Animismus und Spiritismus«[5] und die 1903 erschienene Monographie von F. W. H. Myers: »Human Personality and its Survival of Bodily Death«[6]. In der Einleitung zu seinem Buch kündigt Mattiesen den Kampf gegen den Animismus mit den Worten an: »Je mehr an übernormalen Fähigkeiten dem Menschen zugestanden wird, je weiter die Grenzen des Metapsychischen gesteckt werden, desto reicher ausgestattet ist die Rüstkammer der Waffen, mit denen eine spiritistische Deutung der Tatsachen, die sie zu fordern scheinen, bekämpft werden kann. Auch bin ich ja eben deshalb entschlossen, die Tatsächlichkeit übernormaler Leistungen im denkbar weitesten Umfang vorauszusetzen. Nur wer den stärksten Gegner schlägt, hat wirklich gesiegt.«

An weiteren Auseinandersetzungen mit dem Evidenzproblem für die spiritistische Hypothese nenne ich aus jüngerer Zeit: Gardner Murphy: »Three Papers on the Survival Problem«[7] und die 1969 erschienene Sammlung von Vorlesungen des kürzlich verstorbenen Professors der Philosophie an der amerikanischen Brown University, C. J. Ducasse: »Paranormal Phenomena, Science and Life after Death«[8]. Ducasse hebt in dieser Schrift folgende Gruppen von Beobachtungen hervor, die nach seinen Worten als »prima facie-Evidenz« für das Fortleben in Frage kommen: Kommunikationen (Botschaften), die als Mitteilungen Verstorbener durch Medien erhalten werden – darunter insbesondere die berühmten »Verteilten Botschaften« (Cross-Correspondences) der »Society for Psychical Research«, weiter »Erscheinungen« (apparitions), »Out-of-the-body«-Erlebnisse (Seelenexkursion) und »Besessenheit«. Die Liste der von Spiritisten als Evidenz in Anspruch genommenen Beobachtungen könnte unschwer vermehrt werden. Vor allem werden Spukerscheinungen und unter diesen besonders der ortsgebundene Spuk als gewichtiger Hinweis für das Überleben angesehen (Bozzano). Ich will im Folgenden einige spiritistisch interpretierte Beispiele herausgreifen und sie mit paranormalen Beobachtungen konfrontieren, die sicherlich keine spiritistische Interpretation nahelegen, aber ihrer Struktur nach den als Evidenz für ein persönliches Überleben angesehenen Fällen nahestehen.

Persönlich möchte ich bemerken, daß ich durchaus bereit bin, mich von einem zwingenden Beweis überzeugen zu lassen und keine Vorurteile gegen die Hypothese des Überlebens habe. Doch fühle ich mich als Wissenschaftler an den alten scholastischen Grundsatz verpflichtet »Entia non sunt numeranda praeter necessitatem« – Prinzipien sollen nicht über das notwendige Maß hinaus erweitert werden. Auf die Kontroverse Animismus – Spiritismus angewandt, heißt das: wir machen als Parapsychologen bei spontanen Phänomenen und im Laboratorium ständig die Erfahrung von den Raum und Zeit transzendierenden Fähigkeiten der leibgebundenen Psyche. Wir verfügen aber über keine unmittelbare Erfahrung, daß die Psyche als personale Entität leibfrei existieren kann.

Zu Beginn der Gegenüberstellung der spiritistischen und animistischen Interpretation ein einfaches Beispiel, der Fall des Testaments von James L. Chaffin. Ducasse berichtet die gut dokumentierte Geschichte aus den »Proceedings of the Society for Psychical Research«[9]. Der in North Carolina wohnende Farmer J. L. Chaffin machte im November 1905 ein von zwei Zeugen beglaubigtes Testament, in dem er seine Farm dem dritten seiner vier Söhne vermachte. Die anderen und seine Frau gingen leer aus. Im Januar 1919 erstellte er jedoch ein neues Testament, zwar ohne Zeugen, aber handschriftlich und daher rechtsgültig. Er leitete es mit der Bemerkung ein, daß er es unter dem Eindruck der Lektüre des 27. Kapitels der Genesis geschrieben habe und nun wünschte, daß sein Eigentum zu gleichen Teilen an seine vier Söhne gehen sollte, die für ihre Mutter sorgen sollten. Er legte das Testament in das betreffende Kapitel einer alten Familienbibel. Der Sonderling starb 1921, ohne zu irgend jemanden die Existenz eines zweiten Testaments erwähnt zu haben. Das erste trat in Kraft. Etwa vier Jahre später hatte der zweite Sohn James eine Folge lebhafter Träume, in denen sein Vater erschien, der schließlich, in einen alten Mantel gekleidet, zu ihm sagte: »Du wirst mein Testament in meiner Manteltasche finden.« Der alte Mantel wurde entdeckt und mit ihm ein Zettel, der zur Auffindung des letzten, als gültig anerkannten Testaments führte.

Der Leipziger Philosoph Hans Driesch erwähnt in seiner, zuerst 1932 erschienenen Methodenlehre »Parapsychologie – Die Wissenschaft von den ›okkulten‹ Erscheinungen«[10] diesen Fall mit der Bemerkung, hier scheine doch die nur mit Wissensübertragung zwischen Lebendigen arbeitende Deutung äußerst bedenklich.

Für Parapsychologen trage ich Eulen nach Athen, wenn ich diesen Fall »animistisch« interpretiere. Ganz abgesehen davon, daß eine zu Lebzeiten des Vaters erhaltene telepathische Information »gespeichert« sein konnte und erst bei zunehmender affektiver Erregung durchbrach, kann man die als Botschaft des Vaters geträumte Information auf »Hellsehen« – die außersinnliche Wahrnehmung eines Vorganges, von dem niemand Kenntnis hat – zurückführen. Daß diese paranormale Kenntnis im »Geiste des Vaters« erfolgte, bringt die Einkleidung im Traume sinngemäß zum Ausdruck. Fähigkeiten Lebender genügen also zur Deutung. Es wäre ein »wishful thinking«, wollte man der als solche nicht widerlegbaren spiritistischen Interpretation den Vorzug geben.

Als Analogie für die Reichweite des »Hellsehens« — das längst durch statistische Laboratoriumsexperimente nachgewiesen ist — diene das anschauliche Beispiel einer paranormal interessanten Fehlleistung des holländischen Sensitiven Gerard Croiset[11]. Er wurde im Januar 1970 von dem englischen Journalisten Frank Bryan, der ihn in Utrecht besuchte, um Angaben über ein vor drei Jahren in seiner schottischen Heimat verschwundenes junges Mädchen, Pat McAdam, gebeten. Croiset, der nie in Schottland gewesen war, zeigte auf einer Karte die kritische Gegend, in der Spuren aufgefunden werden könnten. Er nannte, wie er das oft zu tun pflegt, Orientierungspunkte: ein quadratisches Haus mit einem Holzzaun und einem beschrifteten Brett auf dem First, eine Farm, in deren Hof ein altes Auto stehe, gegen das ein Schubkarren gelehnt sei, einen Hohlweg und schließlich einen Fluß, von Bäumen umsäumt. In den vom Wasser freigelegten Wurzeln werde man die Spuren finden. Der Fall ist wegen seiner guten Dokumentation bemerkenswert: die Angaben wurden *vor* Auffindung des — vermeintlichen — Zielobjekts in der Zeitung »Daily Record« veröffentlicht. Polizei fand schließlich an der angegebenen Stelle ein Taftkleid, Strümpfe und eine Handtasche, die offenbar angeschwemmt worden waren. Pat trug am Tage ihres Verschwindens tatsächlich ein Taftkleid. Der Journalist wußte es, doch hatte er Croiset davon nichts gesagt. Ihr Taftkleid hatte lange Ärmel. Das aufgrund der Angaben Croisets aufgefundene hatte jedoch kurze Ärmel — es war nicht das ihre. Man weiß bis heute nicht, was es mit diesen Funden für eine Bewandtnis hat. Eine überaus interessante »Fehlleistung«, die wahrscheinlich dadurch zustande gekommen ist, daß Croiset von dem Journalisten telepathisch das Motiv »Taftkleid« unbewußt erfuhr und nun, von diesem »Suchbild« geleitet, hellseherisch in der Gegend des Verschwindens von Pat ein angeschwemmtes Taftkleid fand, das — niemandem bekannt — sich dort durch einen merkwürdigen Zufall befand.

Zu einer Zeit, in der Telepathie, die außersinnliche Wahrnehmung fremdseelischer Vorgänge, ganz im Vordergrund der Diskussion über die Reichweite des Paranormalen stand, dachte man sich die sogenannten »book tests« aus: Verstorbene sollten zum Nachweis ihrer Identität und ihrer, die Fähigkeiten Lebender übersteigenden Möglichkeiten, durch ein Medium aussagen, daß in einer bestimmten Bibliothek an bestimmten Orten ein Buch stehe und daß sich auf einer bestimmten Seite dieses Buches eine Stelle finde, die sich auf einen ganz bestimmten Sachverhalt eindeutig beziehe[12]. Es ist nach dem Gesagten klar, daß solche »book tests« keine Evidenz für eine Bewirkung durch »leibfreie Agenten« (engl. »discarnate agencies«) vermitteln können. Solche Versuche gehören der Geschichte an und brauchen nicht mehr diskutiert zu werden.

Identitätsbeweise

Bei Sitzungen mit begabten Medien wird immer wieder beobachtet, daß sich im Trancezustand – meist durch einen sogenannten »Kontrollgeist« vermittelt – anscheinend ein Verstorbener äußert, der dem fragenden Angehörigen oder einem über den Abgeschiedenen nicht informierten Stellvertreter, einem sogenannten »proxy sitter«, Auskunft gibt. Bei Mrs. Piper, dem großen, von William James entdeckten amerikanischen Medium, wurde sogar der Tonfall der Stimme des Verstorbenen in manchen Fällen wiedererkannt. Die Kommunikationen beginnen gewöhnlich mit »Identitätsbeweisen«; der durch das Medium angeblich sprechende Verstorbene gibt sich zu erkennen, wobei oft kleine, triviale Begebenheiten berichtet werden, ähnlich wie man sich am Telefon mit jemandem unterhält, der nicht glaubt, daß man der sei, für den man sich ausgibt. »Man erzählt ihm kleine, ausgefallene Dinge aus dem Bereich des gemeinsam Erlebten, etwa daß man da und dort zusammengewesen sei, jenen Ausflug zusammen gemacht, ja wohl einen Unfall gemeinsam erlitten habe.«[13] Darüber hinausgehende Inhalte übertreffen oft den Bildungsgrad des Mediums, entsprechen aber dem des angeblichen »Geistes«. Sie geben ferner das oft sehr Spezifische der Ausdrucksform des Verstorbenen wieder – Redewendungen, Kosenamen, Scherze. Driesch sieht in diesen Besonderheiten der Struktur medialer Trance-Aussagen oder -Niederschriften – ihrem auswählenden und personifizierenden Charakter – ein starkes Argument zugunsten der spiritistischen (von ihm »monadisch« genannten) Hypothese.

In seinem kritischen Überblick über die »Identitätsbeweise« durch mediale Kommunikationen unterscheidet Gardner Murphy 1. die Mitteilung von Tatsachen, die dem Medium unbekannt, dem »sitter« aber bekannt sind, 2. Tatsachen, die auch dem »sitter« unbekannt sind, und 3. Tatsachen, die keiner lebenden Person bekannt sind. Zu einer Zeit, in der nur die Telepathie als Interventionsmöglichkeit Lebender in Betracht gezogen wurde, war diese Aufzählung zugleich eine Rangfolge der angeblichen Evidenz für das Wirken Verstorbener. Um nur ein Beispiel aus der älteren Literatur zu geben: in Sitzungen mit dem englischen Medium Mrs. Osborne Leonard erhielten die Experimentatoren von dem sich regelmäßig meldenden Kommunikator, der verstorbenen A. V. B., hin und wieder Angaben über Sachverhalte, die ihnen unbekannt waren. So beschreibt A. V. B. das Haus eines Freundes, den sie zu ihren Lebzeiten gekannt hat: »Längliche Dinge hängen an der Wand, sie sind verschieden groß und haben nichts mit Bildern zu tun. Eines davon soll getrocknet worden sein.« Ermittlungen ergaben, daß der Hauseigentümer Waffen und andere Erinnerungen an den Sudan, länglich in der Form, im Vestibül aufgehängt hatte, darunter ein getrocknetes Krokodil vom Nil.

Nach dem heutigen Stand der parapsychologischen Forschung bedarf es keiner längeren Erörterung mehr, daß solche Informationen auf außersinnliche Wahrnehmung des Mediums selber, sei es Telepathie oder Hellsehen, zurückgeführt werden können.

Eine Analogie zu den »Identitätsbeweisen«, die zugleich das spezifische Merkmal »kleiner, trivialer Begebenheiten« und die Reichweite der außersinnlichen Wahrnehmung demonstriert, sind die bekannten »Platzexperimente« von Croiset[14]. Er sagt voraus, wer bei einem zukünftigen Experiment auf einem bestimmten, entweder frei gewählten oder durch ein Losverfahren bezeichneten Platz sitzen wird. Zur Identifikation der »Zielperson« macht er Angaben über ihre äußere Erscheinung und über Begebenheiten aus ihrem Leben ganz im Stile der »Kommunikatoren«. Häufig nennt er triviale Vorfälle, die bei näherer Analyse allerdings oft auf affektiv besetzte Komplexe der Versuchsperson hinweisen. Die methodische

Schwierigkeit dieser Experimente liegt in dem Nachweis, daß die Angaben für die betreffende Zielperson eindeutig charakteristisch sind.

Bei einem Platzversuch mit Studenten der Freiburger Universität hat Croiset unter anderem vorausgesagt: »Hat diese Dame ein Stück aus einem Messer herausgebrochen? Hat sie etwas mit einer Figur zu tun gehabt? Hat sie diese sauber gemacht? Ist ihr kürzlich ein Stück des Bodens einer Pfanne, mit der sie hantierte, herausgefallen? Was bedeutet ein Bein, das um einen Stock geschlungen ist? Kann sie sich erinnern, daß sie in einem Paddelboot fuhr und dabei einem hinter ihr sitzenden Mann mit dem Paddel in die Magengegend gestoßen hat, was diesem ziemliche Schmerzen verursachte?« Die betreffende Zielperson zog bei diesem Experiment zwar nicht das vorausgesagte Los, aber diese und andere Angaben charakterisierten sie so eindeutig, daß kaum ein Zweifel an der Identität besteht. Sie hatte als Geschenk ihrer Mutter, mit der sie eine schwierige Beziehung hat, ein Besteck und eine Pfanne aus Jenaer Glas erhalten. Das Messer war ihr abgebrochen, der Boden der Pfanne war durch unsachgemäße Behandlung herausgebrochen. Zwei Tage nach der Aussage hat sie ein Bein um den Stock eines Schrubbers geschlungen, um die schadhaft gewordene Bürste herauszutreten. Die Geschichte mit dem Paddelboot hat sich so abgespielt, wie es Croiset schilderte. Eine Reihe anderer Angaben waren ebenfalls spezifisch zutreffend. In zahlreichen Experimenten dieser Art hat Croiset seine Fähigkeit bewiesen, eine zur Zeit seiner Aussage noch nicht bestimmte »Zielperson« vorauszusehen. Auch die Teilnehmerin dieses Experiments hatte erst nach den Aussagen von dem bevorstehenden Versuch erfahren. Nicht selten nennt Croiset bei solchen Experimenten Details, die erst nach seiner Aussage geschehen. Er scheint durch einen präkognitiven Akt mit einer zukünftigen Versuchsperson in eine telepathische Beziehung zu kommen und hin und wieder auch Erlebnisse – meist trivialer Art – einer solchen »Zielperson« zu erfassen, die sich erst nach seiner Aussage ereignen. Angesichts solcher paranormaler Leistungen, die eine deutliche Strukturähnlichkeit mit den angeblichen Mitteilungen von »Kommunikatoren« aufweisen, ist es hoffnungslos, mediale »Botschaften« als Evidenz für postmortale Einwirkungen in Anspruch zu nehmen.

Neuerdings hat die moderne Technik Einzug in die »Kommunikation mit Verstorbenen« gehalten. Eine ständig zunehmende Reihe von Experimentatoren berichten, daß Mitteilungen Verstorbener auf Tonband aufgezeichnet werden konnten. Verschiedene Verfahren werden angewandt: es werden mittels eines gewöhnlichen Mikrophons kurze Gespräche zweier oder mehrerer Teilnehmer aufgenommen. Beim Abhören zeigen sich sogenannte »Einspielungen« – meist geflüsterte Worte oder Sätze, die bei der Aufnahme nicht hörbar werden. Oder es wird das Tonbandgerät an einen Radioempfänger angeschlossen und auf der Wellenskala »Rauschen« eingestellt, das sich dann beim Abhören als moduliert durch artikulierte »Einspielungen« erweist. Andere Techniken – Verwendung von Breitbanddioden oder Eigensender – seien nur erwähnt. Nach Untersuchungen des Freiburger Instituts mit dem stets zur Kooperation bereiten Initiator dieser Stimmenphänomene, dem in Schweden lebenden Maler Friedrich Jürgenson – ein aus Odessa stammender Balte –, scheint der paranormale Ursprung der unter gesicherten Bedingungen erhaltenen »Einspielungen« kaum bezweifelt werden zu können. Wie in dem Bericht über diese Experimente[15] dargelegt wurde, erfordern die bei diesen Versuchen erzielten Resultate die spiritistische Hypothese auch nicht als »Denkmöglichkeit«. Bei einem Versuch ist der telepathische Ursprung des Inhalts plausibel. Die überaus überraschende Form der Objektivierung auf Tonband (durch »visible speech«-Diagramme nachgewiesen) kann als psychokinetische Einwirkung interpretiert werden. Doch sei zugegeben, daß das Auftauchen von »Stimmen Verstorbener«, deren Tonfall mit der Sprechweise zu ihren Lebzeiten vergleichbar ist, nach einem oft zitierten Wort von William James die spiritistische Interpretation als die »plausibelste« erscheinen lassen, da hier die Form der Äußerung so ungewöhnlich und rätselhaft ist. Für die Analyse des Inhalts gelten dieselben Argumente, die zugunsten der animistischen Hypothese in bezug auf die Kommunikationen der Sprech- und Schreibmedien dargestellt wurden.

Eine paranormale Analogie zu diesen akustischen Phänomenen ist die »Gedankenphotographie« des von Jule Eisenbud und anderen untersuchten Chicagoer Mediums Ted Serios, der auf Filmen einer Polaroidkamera Bilder seiner Vorstellungen oder ungewollte Produktionen erscheinen lassen kann. Wäre Ted Serios Spiritist und hätte sich auf Bilder Verstorbener spezialisiert, wären seine erstaunlichen Leistungen sicherlich für die Jenseitshypothese in Anspruch genommen worden. Seit Beginn der Photographie war von den sogenannten »Extras« die Rede – Bilder Verstorbener, die sich hinter den Photographien Lebender zeigten. Zahlreiche aufgedeckte Betrügereien haben aber diesen »Evidenznachweis« in Mißkredit gebracht. Nun erlebt die »psychische Photographie« ohne spiritistische Interpretation mit Ted Serios eine wissenschaftlich außerordentlich bedeutsame Renaissance [16].

»Verteilte Botschaften« (Cross-Correspondences)

Nach dem Tode der Pioniere der englischen Society for Psychical Research (Henry Sidgwick und F. W. H. Myers) um die Jahrhundertwende zeigten sich in automatischen Niederschriften verschiedener Damen der Gesellschaft sowie in Trance-Kommunikationen von Mrs. Piper in Amerika Mitteilungen, die Zeugnis klassischer Bildung ablegten und wie ein Ausdruck der Persönlichkeit von Myers anmuteten. Eine Analyse dieser Niederschriften ergab, daß sie sich nicht nur auf das gleiche Thema bezogen, sondern sich gegenseitig ergänzten. Man nannte daher diese überaus bemerkenswerten Produktionen »Cross-Correspondences« (meist als »Kreuzkorrespondenzen« übersetzt, angemessener ist »Verteilte Botschaften«). So schreibt z. B. eine Automatistin ein Stück griechischer oder lateinischer Dichtung und eine andere eine dazu passende Ergänzung. Mrs. Verrall gab automatisch die Beschreibung eines Gemäldes, das Papst Leo I. an den Toren Roms darstellt, wie er gerade Attila beschwört, die Stadt nicht zu plündern. Zur gleichen Zeit schrieb Mrs. Holland in Indien – 8000 km entfernt – die Worte: »Ave Roma Immortalis. How could I make it any clearer without giving her the clue?« (Wie konnte ich es klarer ausdrücken, ohne ihr den Schlüssel zu geben?)

In einem der erstaunlichsten von vielen Dutzenden von Fällen wurde der sich durch Mrs. Piper 1908 in Amerika äußernde »Kommunikator« Myers von Mr. G. B. Dorr gefragt: »Was fällt Ihnen zu dem Wort Lethe ein?« Er erhielt einige fragmentarische klassische Anspielungen, die er nicht verstand. Auch weiteres Material, das er durch Mrs. Piper erhielt, blieb ihm und den Fachleuten der S.P.R. unverständlich. Erst später stellte sich heraus, daß diese »Botschaften« spezifische Hinweise auf die undurchsichtige Geschichte von Ceyx und Alcyone und der Sendung der Göttin Iris in die Unterwelt enthält, so wie sie am Ende der »Metamorphosen« von Ovid im Zusammenhang mit dem Fluß Lethe erzählt wird. Die Antwort ist ganz in der Art von Myers. Später wurde dieselbe Frage nach Einfällen zu Lethe von Sir Oliver Lodge dem Medium Mrs. Willett gestellt. In der automatischen Niederschrift heißt es, die Frage sei schon einmal gestellt worden, und mit allen Zeichen der Anstrengung wurde in Majuskeln der Name DORR geschrieben. Durch Wochen hindurch gab die sich durch Mrs. Willett äußernde »Myers-Persönlichkeit« Hinweise auf das sechste Buch der Aeneis Vergils, die zu dem Wort Lethe paßten. Für Mrs. Willett waren sie unverständlich. Schließlich schrieb die »Myers-Persönlichkeit« durch Mrs. Willett: »That I have different scribes means that I must show different aspects of thoughts underlying which Unity is to be found and I know what Lodge wants. He wants me to prove that I have access to knowledge shown elsewhere.« (»Daß ich verschiedene Schreiber habe, bedeutet, daß ich verschiedene Aspekte von Gedanken zeigen muß, deren zugrundeliegende Einheit gefunden werden soll, und ich weiß, was Lodge wünscht. Er wünscht von mir den Beweis, daß ich zu Kenntnissen Zugang habe, die an anderer Stelle gezeigt worden sind.«)

Gardner Murphy, dessen Darstellung des Falles ich hier gefolgt bin[17], weist darauf hin, daß bei der Analyse der »Verteilten Botschaften« auch von den zeitgenössischen Bearbeitern diskutiert wurde, ob eine lebende Person telepathisch das gesamte Material geliefert hat oder ob nicht mehrere der beteiligten Gelehrten »durchlässige Psychen« hatten. In dem »Sevens Case« (Fall der »Sieben«) ist dies ganz deutlich: Mr. Piddington hatte für einen »Evidenzbeweis« nach seinem Tode einen sorgsam als Geheimnis gehüteten versiegelten Brief vorbereitet, in dem er von seinem Tick mit der Zahl »Sieben« berichtete. Drei Jahre später – zu seinen Lebzeiten – kamen erst durch Mrs. Piper Anspielungen auf »Sieben« im Zusammenhang mit dem »tick tick« einer Uhr in einem Treppenhaus, dann bei anderen Automatistinnen. Genau zur Stunde als Piddington in den Räumen der S.P.R. seinen »Geheim-Brief« schrieb, notierte die »Myers-Persönlichkeit« durch Mrs. Verrall: »Note the hour – in London half the message has come ... surely Piddington will see that this is enough and should be aced upon.« (»Notiere die Stunde – sicher wird Piddington sehen, daß dies genügt und daß man sich danach richten solle.«) Als die »Verteilten Botschaften« in bezug auf Piddingtons »Sieben« zu Ende gekommen waren, schrieb Mrs. Verrall vor Kenntnis des Piddington-Briefes als Instrument des verstorbenen Myers: »Hat Piddington die unter Ihnen allen verteilten Stücke seiner Aussage gefunden?« (»Has Piddington found the bits of his sentence scattered among you all?«) Murphy kommt zu dem Schluß, daß »es durchaus möglich ist, daß ein tatsächlich überlebender Myers in telepathischem Kontakt mit Piddingtons Psyche war und daß es ihn interessierte, was er plante«[18]. Doch macht er unmißverständlich klar, daß in Anbetracht der »Durchlässigkeit der Psyche« Lebende niemals als Quellen angeblicher Botschaften Verstorbener ausgeschaltet werden können. »Der einzige sichere Weg« – fügte er hinzu – »wäre, Material zu bekommen, das seinen Ursprung nicht in Psychen Lebender haben kann.« Aber hier springt »Hellsehen« oder »Präkognition« als mögliche Aktion Lebender ein. Wie soll ein zwingender Evidenz-Beweis erbracht werden? Auch das puzzle der »Verteilten Botschaften« kann ihn nicht geben, doch sollte man die anscheinende »formale Selbstbezeugung«[19] der »führenden Persönlichkeiten« – wie Myers u. a. – gründlich studieren, um die Komplexität des Materials würdigen zu können. Es gehört zu den eindrucksvollsten Demonstrationen eines unraumhaften *psychischen Feldes*, in dem sich telepathisch die Bildung eines Polypsychismus vollzieht, der eher als eine Verschmelzung und Identifizierung verschiedener Psychen denn als eine »Übertragung« seelischer Vorgänge von einer Psyche auf eine andere aufzufassen ist. In ein solches Feld können die lebendigen Erinnerungen an eine abgeschiedene Persönlichkeit eingehen und entsprechend der »Personifikationstendenz« des Unbewußten als agierende Instanz in »formaler Selbstbezeugung« auftreten.

Ein einfaches Beispiel für die Existenz eines solchen »psychischen Feldes«, das die spiritistische Hypothese nicht berührt, möge den Sachverhalt nochmals erhellen: kürzlich machte ich mit Frau Christine Mylius, der Hamburger Schauspielerin, deren präkognitive Träume das Freiburger Institut seit 1953 untersucht[20], ein Experiment mit »bestellten Träumen«. Ich gab ihr und zwei anderen Versuchspersonen die »Traumanweisung«: »Ich habe das Große Los gewonnen.« Mit der einen Versuchsperson A, die sich als instrumental für das Folgende erwies, hatte sie schon einmal telepathische Erlebnisse. Frau M. berichtete am Morgen, daß sie von einem alleinstehenden Haus in einem Vorort Freiburgs geträumt habe. Sie wollte dort jemanden besuchen, doch erklärte man ihr bedauernd, der betreffende Herr sei nicht da. Der Traum schien nichts mit der Anweisung zu tun zu haben. Er erinnerte die Träumerin nur an die Zeit, die sie als Mitglied der Freiburger Bühne in dieser Stadt verbracht hatte. Abends ging sie mit A ins Theater und war anschließend mit einigen Schauspielern zusammen, darunter die A gut bekannte Frau v. L., die zusammen mit Frau Mylius im Freiburger Ensemble gewesen war. Frau v. L. war von einem jüngeren Freund begleitet. Es stellte sich heraus, daß dieser der Sohn eines Grafen R. war, den Frau M. kannte und der – vor Jahren gestorben – in dem Haus wohnte, von dem sie geträumt hatte. Als Frau M. ihren Traum erzählte und von seiner Veranlassung berichtete, wurde das Erstaunliche offenbar: der junge Graf R. hatte in der vergangenen Nacht geträumt, er habe 15 000 Mark mit einem Los gewonnen. Der Traum hatte ihn sehr bewegt, da im Traumgeschehen die Erfüllung lebhafter Wünsche einbezogen war.

Erscheinungen

In einer ausgezeichneten Analyse hat der englische Autor G. N. M. Tyrrell in seinem Buch »Apparitions«[21] die Vielfalt sogenannter »Erscheinungen« untersucht. Mit zahlreichen Differenzierungen unterscheidet er zwei große Gruppen: »Krisis-Erscheinungen« und

»post mortem-Erscheinungen«. Das Muster des ersten, am sorgfältigsten untersuchten Typs, ist folgendes: Genau oder ungefähr zur Zeit, in der eine Person A sich in einer Krise befindet (es kann sich um den Tod, aber auch um anderes handeln), hat eine andere Person B, die gewöhnlich mit A verbunden ist, eine visuelle Halluzination. Diese kann so vollständig und lebensecht sein, daß A zunächst den Eindruck einer physischen Präsenz hat und erst bei einem plötzlichen Verschwinden der Gestalt realisiert, daß es sich um eine Erscheinung handelte. Bei dem post mortem-Muster werden die Erscheinungen längere Zeit nach dem Tode der erscheinenden Person gesehen, so daß sie auch nicht auf eine verzögerte Telepathie unter Lebenden zurückgeführt werden können. Der Kürze halber muß ich vereinfachen und kann zwei weitere Gruppen, die »experimentellen Fälle« und »Geister« (ghosts) nur erwähnen. Auch kann ich das von Tyrrell ausführlich behandelte Problem der »kollektiven Halluzinationen« nicht diskutieren.

Im Falle 45 seines Buches berichtet Tyrrell von Bewohnern des ersten Stockes eines Hauses, in dem im Parterre eine kranke Dame plötzlich starb. Beim Erwachen sah eine Perzipientin am Fußende ihres Bettes in aller Deutlichkeit einen alten Herrn mit einem runden, rosigen, lächelnden Gesicht, den Hut in der Hand, bekleidet mit einer altmodischen, blauen Jacke mit Messingknöpfen, heller Weste und Hosen. Ihre Nichte identifizierte die Erscheinung als den vor drei Jahren verstorbenen Mann der gerade verschiedenen Frau. In seinem Kommentar legt der Autor Gewicht auf die Tatsache, daß die Perzipientin niemals von der Person gehört hatte, die ihr erschienen war. Er argumentiert weiter: »Wenn der Agent nicht der verstorbene Dr. R. war, muß es Mrs. R. vor ihrem Tode gewesen sein. Der telepathische Eindruck wäre dann verzögert aufgetreten.« Er meint, nur a priori-Einstellungen verhinderten, solche und komplexere Fälle als Hinweis auf eine »surviving agency«, auf die Bewirkung durch einen Überlebenden zurückzuführen.

Eine solche Interpretation ist natürlich auch in einer apriorischen Einstellung begründet, nämlich in der Auffassung, daß die spiritistische Hypothese wahrscheinlicher sei als die animistische. Tyrrell kennt aus eigenen Experimenten die Reichweite des Hellsehens sehr gut. Trotzdem argumentiert er auf der Basis der Telepathie als einzig in Frage kommenden Psi-Faktor, der mit einer »jenseitigen« Bewirkung in Konkurrenz stehen könnte. Wenn es schon Hellsehen und vor allem Präkognition gibt, bei der noch nicht existente Sachverhalte im voraus erfaßt werden, gibt es auch Retrokognition, das hellseherische Erfassen von Vorgängen der Vergangenheit. Ob als theoretischer Hintergrund für eine solche Reichweite von Psi angenommen werden muß, daß das Überpersönliche »nicht nur ein unbestimmter, personale lebende Seelen verbindender und paranormale Wissensübertragung zwischen ihnen möglich machender Rahmen, sondern eine Art von überpersönlichem Subjekt (ist)«[22], soll hier nicht diskutiert werden. Manche stellen sich dieses »Weltbewußtsein« nach Art der indischen Akasha-Chronik als eine Art »Weltgedächtnis« vor, das Träger des Vergangenen ist, andere als einen »transzendentalen Plan« (Osty), in dem alles Geschehensmögliche, also auch das Zukünftige, eingegraben ist. Lebens-»Katalog« steht gegen Lebens-»Plan«.

Ein dem »post mortem«-Fall von Tyrrell analoger Bericht aus dem Material des Freiburger Instituts scheint mir die »animistische« Interpretation plausibel zu machen: in der alten Küche des kleinen Schlosses W. in Württemberg sah die Schloßherrin – eine allem Okkulten fernstehende junge Frau – beim Hantieren plötzlich einen Knaben in altmodischer Kleidung jenseits eines großen Tisches stehen. Erstaunt ging sie zu ihm hin, doch er verschwand lautlos. Sie brachte die Erscheinung in Zusammenhang mit ortsgebundenen Spukvorgängen, die seit 70 Jahren in diesem Schloß beobachtet wurden, und berichtete ihrem Mann von dem Vorfall. Dieser – Chefarzt eines Krankenhauses – lag zu der Zeit selbst als Patient in einer Münchener Klinik. Er erkannte in der Beschreibung den kleinen Georg, der um 1890 in dem Schloß an Diphtherie gestorben war. Ein Ölbild des Knaben, auf dem Speicher verstaut, wurde von der Baronin sogleich als Konterfei der »Erscheinung« erkannt. Unmittelbar darauf erhielt der Baron einen Brief einer betagten Verwandten aus Stuttgart, die bat, ihr doch die Pflege des Grabes jenes Knaben, des kleinen Georg, zu übertragen. Dieser Brief war offenbar der auslösende Anlaß, der das Gedächtnis in bezug auf den Knaben aktivierte. Die Annahme eines »psychischen Feldes« könnte hier als Deutungsrahmen genügen, doch kommen hier vermutlich noch die rätselhaften

Faktoren hinzu, die einen bestimmten Ort für die Provokation spukhafter Vorgänge qualifizieren. Diese Faktoren suchen Spiritisten wie Bozzano in der Wirkung persönlich Überlebender, während Animisten mit guten Gründen Residuen affektiv geladener Vorgänge annehmen, die allerdings einer begrifflich vorläufig nicht faßbaren »anderen Wirklichkeit« angehören, deren Annahme die Raum und Zeit transzendierenden Psi-Vorgänge ohnedies fordern.

Ich muß darauf verzichten, auf das Rätsel des ortsgebundenen Spuks in seiner Beziehung zur spiritistischen Hypothese näher einzugehen, wie ich mir auch versagen muß, die von Ducasse als Evidenz angesehenen Besessenheitsfälle oder die »Drop in«-Beobachtungen[23] und vor allem das Reinkarnationsproblem auf seine Evidenz hin zu untersuchen. Man darf sich diese Aufgabe nicht zu leicht machen und etwa alle Probleme als gelöst betrachten, wenn die Reduktion auf außersinnliche Wahrnehmung oder – in bestimmten Fällen – auch Psychokinese plausibel gemacht werden kann. Es bleibt das Problem der Motivation, bei den Reinkarnationsfällen etwa die Frage, warum ein Kind plötzlich verifizierbare Angaben über eine angebliche frühere Existenz macht, um nur einen von vielen Aspekten zu nennen.

III. Wir nannten eingangs C. J. Ducasse und G. Murphy als repräsentative zeitgenössische Autoren, die sich mit dem Evidenzproblem für das Überleben des Todes auseinandersetzen. Der amerikanische Philosoph kommt in einer, in meinen Ausführungen angegriffenen Position zu dem Schluß, daß »die Bilanz der bisher erzielten Evidenz für die Realität des Überlebens spricht und – in den besten Fällen – nicht nur eines Fortbestehens von Erinnerungen an das irdische Dasein, sondern eines Überlebens der markantesten Fähigkeiten des menschlichen Geistes und ihres ununterbrochenen Gebrauches nach dem Tode«. G. Murphy, vorsichtiger, kritischer und empirisch denkend, hält das Problem für vorläufig unentscheidbar und nennt als »zwingendsten Beweis« weiteres Material über ein Fortbestehen einer Interaktion zwischen lebenden und verstorbenen Persönlichkeiten, so wie er es in dem von mir nicht erwähnten »Dionysius-Fall« der »Verteilten Botschaften« angedeutet findet. Es mag interessieren, welche Position der Pionier der modernen experimentellen Parapsychologie, J. B. Rhine, einnimmt. In einem Artikel »Telepathy and Human Personality«[24] hält er weitere Forschungen über die Frage des Überlebens davon abhängig, ob es gelingt, eine vom Organismus unabhängige Existenzmöglichkeit der Psyche unmittelbar zu beweisen. Er weist darauf hin, daß die Untersuchungen der Parapsychologie hinter den Wirkungen der außersinnlichen Wahrnehmung ein verzweigtes nichtphysisches System psychischer Operationen nachgewiesen haben und daß die Äußerungen dieser Operationen immer unabhängiger von dem Nervensystem erscheinen. Man könnte, vermutet er, zu einem Punkt kommen, bei dem der nächste logische Schritt eine zentrierte experimentelle Untersuchung des Grades der Trennbarkeit und der Möglichkeit einer vollständigen und unabhängigen Existenz dieses hypothetischen Teils der Persönlichkeit sein wird, die der Vorstellung des »mind« (Geist und Psyche) entspricht. Wie das empirisch möglich sein soll, verrät uns der Dualist Rhine nicht.

Man muß zugeben, daß eine Psyche, die in bestimmten Situationen Raum und Zeit überschreitet, also außerhalb des raum-zeitlichen Kontinuums wirkt, weit eher als eine auch unabhängig von einem lebenden Organismus existierende gedacht werden kann, als etwa eine Psyche in einer materialistisch-mechanistischen Konzeption des Menschen. Man kann fragen, ob die »andere Wirklichkeit«, in der sich das Paranormale vollzieht, nicht schon eine Art »Jenseits« ist. Dieses »Jenseits« könnte eine erweiterte *Natur* sein und es ist – wie Tyrrell hervorhebt – keineswegs einzusehen, daß ein zukünftiges Leben notwendig ein religiöses Phänomen sein muß. Er schreibt: »Wenn wir von einem zukünftigen Leben sprechen, müssen wir diesen Endzustand der Existenz, auf den die Parapsychologie hinzuweisen scheint, klar von der Unsterblichkeit unterscheiden, die das Ziel der Mystik ist und in der Vereinigung mit dem Göttlichen besteht. (...) Das europäische Denken neigte während 2000 Jahren dazu, die Frage nach dem religiösen Aspekt der Unsterblichkeit zu bejahen: jede Form des Überlebens des Todes ist ipso facto religiös. Himmel, Hölle, Fegefeuer, Paradies – jede Vorstellung vom Leben nach dem Tode ist eine religiöse Konzeption.« Und an anderer Stelle: »Die Vorstellung, daß uns der Tod nicht in eine religiöse Sphäre entläßt, erscheint ganz einfach, wenn man begriffen hat, daß die

›Natur‹ nicht dort endet, wo sie aufhört sichtbar zu sein.«[25]

Spekulationen über eine mögliche Seinsform der leibfreien Psyche in einer erweiterten »Natur« sind meist schwer nachzuvollziehen. So versucht der Oxforder Philosoph H. H. Price, der parapsychologisch gut informiert ist, in einer Abhandlung »Ein neuer Zugang zum Problem des Überlebens«, die Vorstellung des Überlebens verständlich zu machen[26]. Mit den empiristischen Philosophen fragt er, welche Wahrscheinlichkeit wahr zu sein der Behauptung »wir überleben den Tod« innewohnt. Ich fasse seinen Gedankengang als Kuriosum zusammen:

Die Welt des Überlebens müßte eine Welt seelisch-geistiger Bilder sein, eine Art von Traumwelt, die die Erinnerungen und Wünsche der sie Erlebenden spiegelt; diese Erinnerungen und Wünsche könnten solche sein, die im irdischen Leben verdrängt wurden. Vermutlich fänden sich unter diesen geistig-seelischen Bildern solche des eigenen Körpers, wie es manchmal in Träumen beobachtet wird. Der Überlebende würde sich selbst immer noch »verkörpert« vorkommen und würde eine Umgebung ihm vertrauter, räumlich ausgedehnter Objekte – analog einer erinnerten materiellen Umgebung – erfahren. Mediumistische Mitteilungen sagen oft, daß die »Kommunikatoren« Schwierigkeiten haben zu realisieren, daß sie tot sind. Eine solche Bilderwelt brauchte nicht rein subjektiv und privat zu sein. Mittels einer telepathischen Wechselwirkung könnten ähnlich geartete leibfreie Psychen eine Art »kollektiver Bilderwelt« aufbauen, die auf ähnlichen Erinnerungen und Wünschen basiert wäre.

Weiter: »Wenn wir überhaupt den Tod überleben, könnte es sein, daß wir durch eine Reihe ›anderer Welten‹ hindurchgehen, entsprechend verschiedener und aufeinanderfolgender Bewußtseinsstufen, die wir erreichen. Die meisten religiösen Überlieferungen legen dies nahe. Darüber zu spekulieren ist aber wahrscheinlich verfrüht.«

Allerdings – es ist vom Standpunkt der empirischen Wissenschaft aus betrachtet nicht nur verfrüht, sondern ihr wahrscheinlich immer verschlossen. Doch kann man sagen, daß die auf der Basis der parapsychologischen Erfahrung denkbaren Formen eines extraterrestrischen, außerirdischen Lebens auch eine religiöse Zuständlichkeit vielleicht unschwerer vorstellen lassen, als es ohne sie möglich ist.

Das Endziel einer mystischen Vereinigung mit dem Göttlichen liegt in der Linie solcher vom Empirischen ausgehenden, in den Glauben mündenden Denkmöglichkeiten. Eines wird immer deutlicher: der Abgrund zwischen Naturwissenschaft und Religion, wie er lange Zeit zu bestehen schien, wird durch die Erkenntnisse der Parapsychologie über die Raum und Zeit transzendierenden Fähigkeiten der Psyche und der sich in den spontanen Phänomenen und synchronistischen Zufällen immer wieder abzeichnenden Sinnhaftigkeit des Geschehens überbrückt. Die Zeiten eines mechanistischen Weltverständnisses – oder besser – Unverständnisses sind vorbei. Eine Bewußtseinserweiterung hat sich durchgesetzt. Die Parapsychologie hat für diesen unaufhaltsamen Prozeß eine bedeutsame Funktion.

Anmerkungen

[1] Vgl. dazu H. Bender, Psychische Automatismen. Zur Experimentalpsychologie des Unterbewußten und der außersinnlichen Wahrnehmung. Leipzig 1936.

[2] Vgl. dazu den Aufsatz »Mediumistische Psychosen« in diesem Band S. 94.

[3] B. de Jouvenel, Einklang der Welten. Freiburg, Olten 1956.

[4] E. Mattiesen, Das persönliche Überleben des Todes. 3 Bde., Berlin 1936–39. Neudruck 1962.

[5] A. N. Aksakow, Animismus und Spiritismus. 2 Bde., Leipzig 1890.

[6] F. W. H. Myers, Human Personality and its Survival of Bodily Death. 2 Bde., London 1903.

[7] G. Murphy, Three Papers on the Survival Problem. New York 1945. Vgl. auch G. Murphy, Challenge of Psychical Research. A Primer of Parapsychology. New York 1970, S. 183–273.

[8] J. C. Ducasse, Paranormal Phenomena, Science and Life after Death. (Parapsychological Monographs. Nr. 8) New York 1969.

[9] Proceedings of the Society for Psychical Research. 36 (1926/28), S. 517–524; zit. bei Ducasse, a. a. O., S. 31 f.

[10] H. Driesch, Parapsychologie – die Wissenschaft von den »okkulten« Erscheinungen. Zürich [3]1952. Neuausgabe in der Taschenbuch-Reihe »Geist und Psyche«. Bd. 2030. München 1967.

[11] Vgl. die bebilderte Darstellung bei H. Bender, Unser sechster Sinn. Stuttgart 1971, S. 92 ff.

[12] Driesch, a. a. O., S. 129.

[13] Driesch, a. a. O., S. 126.

[14] Vgl. H. Bender, Unser sechster Sinn, S. 81 ff. und den Aufsatz »Neue Dimensionen der Psyche« in diesem Band S. 9 ff.

[15] H. Bender, Zur Analyse außergewöhnlicher Stimmphänomene auf Tonband. In: Z. Parapsychol. u. Grenzgeb. d. Psychol. 12 (1970), S. 226–238.

[16] J. Eisenbud, The World of Ted Serios. New York 1967; vgl. dazu die Darstellung von A. Neuhäusler, Die »Psychofotos« des Ted Serios. In: Z. Parapsychol. u. Grenzgeb. d. Psychol. 12 (1970), S. 26–41.

[17] Vgl. Murphy, Three Papers . . ., S. 19 f.

[18] Vgl. Murphy, a. a. O., S. 21.

[19] Vgl. E. Mattiesen, Die formale Selbstbezeugung der bei Kreuz-Korrespondenzen führenden Persönlichkeiten. In: H. Bender (Hrsg.), Parapsychologie. Entwicklung, Ergebnisse, Probleme. Darmstadt [2]1971, S. 546–556.

[20] Vgl. H. Bender, Unser sechster Sinn, S. 45 ff.

[21] G. N. M. Tyrrell, Apparitions. London 1953.

[22] Vgl. Driesch, a. a. O., S. 120.

[23] Vgl. dazu etwa I. Stevenson, Ein fremder Besucher. Mediumistische Sitzung mit unbekanntem Kommunikator. In: Z. Parapsychol. u. Grenzgeb. d. Psychol. 12 (1970), S. 90–105.

[24] J. B. Rhine, Telepathy and Human Personality. In: J. Parapsychol. 15 (1951), S. 25–30.

[25] G. N. M. Tyrrell, Mensch und Welt in der Parapsychologie. Hamburg 1960, S. 301 f. u. 304.

[26] H. H. Price, A New Approach to the Problem of Survival. In: Proceedings of Four Conferences of Parapsychological Studies. New York 1957, S. 38 f.

Mediumistische Psychosen

Ein Beitrag zur Pathologie spiritistischer Praktiken

I. Die Verbreitung spiritistischer Praktiken in der Bevölkerung läßt sich nur abschätzen. Man geht aber sicher nicht fehl mit der Annahme, daß sie in allen Schichten ein sehr erhebliches Ausmaß hat. In zahlreichen ›Zirkeln‹ wird ein regelmäßiger Verkehr mit einer angeblichen Geisterwelt gepflegt, die verschiedenen Verfahren: das Tischrücken, ›Geisterschreiben‹, Buchstabieren mit dem wandernden Glas, Pendeln über dem Alphabet werden auch aus privater Initiative von vielen Menschen ausgeübt, sei es auch nur als mehr oder weniger gläubig hingenommenes ›Gesellschaftsspiel‹.

Das Tischrücken ist das bekannteste Verfahren dieser Art. Die Teilnehmer legen, eine Kette bildend, die Hände auf einen Tisch. Durch Heben und Senken eines Tischbeines entstehen Klopftöne; meist wird dabei das Alphabet aufgesagt und Mitteilungen werden aus den Buchstaben zusammengesetzt, bei denen der Tisch das Klopfzeichen gibt. Diese vielfach geübte Praktik nahm ihren Ausgang von Amerika, wo sie 1848 im Hause eines Methodistenpredigers[1] angewandt wurde. Kurz darauf verbreitete sie sich wie eine Epidemie über die ganze Erde. Tischrücken wurde das bevorzugte Instrument für einen »Kontakt mit Verstorbenen«, den die Massenbewegung des Spiritismus für experimentell beweisbar hält. Sie bedient sich sogenannter »Medien« (Mittler), die auf Grund einer besonderen Begabung mit Hilfe der spiritistischen Praktiken die Verbindung mit der »Geisterwelt« herstellen. Andere Verfahren, die zum Teil schon aus der antiken Magie stammen, werden außer dem Tischklopfen verwendet: ›Glasrücken‹ z. B., das Buchstabieren mit einem umgestülpten Glase oder einem andern, leicht beweglichen Indikator, der in einem Kreis aus den Buchstaben des Alphabets von einem oder mehreren Versuchsteilnehmern durch Auflegen eines Fingers verschoben wird und so, Buchstaben nach Buchstaben berührend, Antworten auf gestellte Fragen erteilt oder spontane Produktionen zur Äußerung bringt. »Geistertelegraph« nennen die spiritistisch Gläubigen diese Methode, die sich nur durch den modus operandi von dem medialen Schreiben (dem »fliegenden Geisterstift« der Chinesen) der Planchette – einem auf kleinen Füßen gleitenden Brett mit einem durchgesteckten Schreibwerkzeug, auf das die Hand aufgelegt wird – oder dem Pendeln über dem Alphabet unterscheidet.

Bei allen diesen Verfahren ist natürlich eine absichtliche Vortäuschung von »Geistermitteilungen« unschwer möglich. Doch erschöpft die Betrugshypothese, auf die sich die psychologisch meist ungebildeten professionellen Bekämpfer des Aberglaubens gewöhnlich beschränken, das Problem keineswegs. Die hier skizzierten spiritistischen Praktiken werden von der Pathopsychologie als »psychomotorische Automatismen« bezeichnet: die Äußerungen können durch unwillkürliche, intelligent gesteuerte Muskelbewegungen entstehen – beim klopfenden Tisch durch Gewichtsverlagerungen der Hände, beim ›Glasrücken‹ durch unwillkürliches Verschieben des Indikators, beim ›Geisterschreiben‹ durch eine nicht bewußt gesteuerte Ausführung des Schreibaktes, beim Pendeln durch unwillkürliche, für das bewußte Ich nicht wahrnehmbare Fingerbewegungen. Es handelt sich um »Steigrohre des Unbewußten«. Der Glaube, durch diese Methoden mit Wesen einer jenseitigen Welt in Verbindung zu kommen, ist so alt wie die Menschheit und hat seine psychologische Wurzel darin, daß psychische Leistungen, die alle Merkmale einer intelligenten Tätigkeit aufweisen, aber dem Ich nicht bewußt sind, als Äußerungen fremder Intelligenzen mißverstanden werden. Dieser Eindruck wird durch zwei Eigentümlichkeiten solcher ›automatischen‹ Produktionen verstärkt: erstens sind sie häufig spontan so abgefaßt, als ob sie von fremden Intelligenzen, von ›Geistern‹ herrührten (Personifikationstendenz des Unbewußten), und zweitens können sie bei paranormal begabten Automatisten Inhalte zutage fördern, die auf ›außersinnlichem‹ Wege erworben wurden, also telepathische oder hellseherische Eindrücke. Die affektive Erschütterung, die durch den vermeintlichen Umgang mit Verstorbenen schon ohnedies entsteht, wird durch das gelegentliche Auftreten paranormaler Informationen gewöhnlich so verstärkt, daß nun der klopfende Tisch, das wandernde Glas, der schreibende Stift als Ratgeber gebraucht werden, die in allen Lebenslagen als höchste Instanz in Anspruch genommen werden. Man muß konkrete Fälle kennen, um die Faszination ermessen zu können, die von solchen angeblichen Geisterbotschaften ausgeht. Ein Medium schreibt in der Handschrift eines Verstorbenen, die es nicht kennt, automatisch eine tröstende Botschaft für einen Hinterbliebenen, in der ein Schuldkomplex – dem Medium auch unbekannt – besänftigt wird. Eine medial begabte, intelligente Frau erhält ständig durch Glasrücken Ratschläge von ihrem seit Jahrzehnten verstorbenen Bruder. Er bittet eines Tages, einen »Onkel Kilian« zu unterstützen, der, hochbetagt, sich in drückender materieller Notlage befinde. Erst als das Glas kundgibt, daß es sich um einen Spitznamen handle, und die Anfangsbuchstaben des richtigen Namens »durchgibt«, gelingt es mit großer Mühe, den Betreffenden aufzufinden, der in der Tat völlig mittellos war. Das Medium kann sich nicht erinnern, jemals vom »Onkel Kilian« gehört zu haben. Es liegt auf der Hand, daß bei naiven Menschen durch solche Erfahrungen zwingend der Eindruck einer echten Verbindung mit Verstorbenen entstehen kann und sie kaum belehrt werden können, daß auch in solchen erstaunlichen Fällen Fähigkeiten des Mediums zur Erklärung ausreichen und kein Weg zu sehen ist, wie die angeblichen Geistermitteilungen von den Bewirkungen des Mediums selbst getrennt werden könnten. Viele finden in der Überzeugung, daß eine Verbindung mit Abgeschiedenen möglich ist, Halt und Hoffnung und können sich zur Verteidigung ihrer Ansicht auf literarisch wertvolle Dokumente solcher »Jenseitsbotschaften« berufen. So etwa auf das von Mme Jouvenel herausgegebene Buch »Au diapason du ciel«, das als angebliches Diktat ihres frühverstorbenen Sohnes automatisch geschrieben wurde. Der französische Philosoph Gabriel Marcel hat sich nicht gescheut, zu diesem Werk eine Einleitung zu schreiben.

Im Bereich des vulgären Offenbarungsspiritismus werden nun auch die banalsten Äußerungen als von »drüben« kommend gläubig hingenommen. Kürzlich wurde ich als Gutachter in einem Strafverfahren gegen die Leiterin eines spiritistischen Zirkels bestellt, gegen die Anklage wegen Körperverletzung erhoben worden war. Eine Teilnehmerin war psychisch erheblich geschädigt worden. Ich war in der Lage, an Hand der Sitzungsprotokolle und durch die Befragung der Teilnehmer ein genaues Bild von der Atmosphäre dieser Veranstaltungen zu gewinnen. Mit einer Planchette, die von der Leiterin und einer Reihe von Sitzungsteilnehmern bewegt wurde, erhielt man zunächst »Lebenssprüche«, für die als »geistiger Führer« ein Mönch des Klosters Athos verantwortlich zeichnete. Bei unverständlichen Mitteilungen sagte man: »Das haben wir nicht verstanden«, dann wurde die Durchgabe wiederholt. Nach einiger Zeit wurde auf das mühsame Planchetteschreiben verzichtet: Die Leiterin hatte von ihrer ›geistigen Führung‹ die Anweisung bekommen, die Kommunikationen durch Sprechen durchzugeben. Gegenstand der »Durchgaben« waren erbauliche Reden über die Organisation der Geisterwelt, Kommentare zu Vorgängen aus dem Leben der Sitzungsteilnehmer, die einer strengen Zirkeldisziplin unterworfen wurden und bei Unbotmäßigkeit im Namen der Geistwesen ausgeschlossen wurden, Schulungen, um auch außerhalb des Zirkels mit der Geistwelt in Verbindung treten zu können, Ratschläge von »Geisterärzten« bei Erkrankungen u. a. m. Unter der Regie der Zirkelleiterin entfaltete sich ein jahrelang durchgespieltes Geistertheater, bei dem der Anteil unbewußter Produktionen und absichtlicher Darbietungen schwer zu trennen war. In den Schulungen wurden die Zirkelteilnehmer angewiesen, zunächst mit geschlossenen Augen Gestalten zu sehen, Geistereingebungen zu hören und die schreibende Hand von Geistern lenken zu lassen. Eine jung verheiratete Teilnehmerin, die mit ihrem Mann an dem mittlerweile zu einer »Ordensgemeinschaft« avancierten Zirkel teilnahm, geriet in schwere Konflikte, als die Geisterärzte Anweisungen für die Behandlung ihres Kindes gaben, deren Sinnlosigkeit sie erkannte, während ihr Mann die strikte Befolgung forderte. Die Leiterin schloß, das Ehezerwürfnis schürend, die Widerspenstige aus, die nun auf eigene Faust, teils zweifelnd, die erlernten Praktiken anwandte. Sie schrieb automatisch, hörte Stimmen, die sie schließlich aufforderten, »Schluß zu machen«. »Das war wie ein Zwang, dem ich folgen mußte«, erklärte die Patientin, die nahe daran gewesen war, sich von einem Balkon herunterzustürzen. Der Zirkel berief eine Sondersitzung ein und forderte die Geistwesen auf, den Ursprung der Verwirrung zu klären. Diese sicherten sich mit der Anweisung, die Patientin solle auf die Dauer von drei Monaten keinen Einflüsterungen mehr stattgeben. Der Zustand klang ab, als die Ehegatten sich vorübergehend trennten und die Patientin zu ihren Eltern zog.

Transitorische psychische Störungen dieser Art, die durch den kritiklosen Gebrauch spiritistischer Praktiken ausgelöst werden und deren Pathogenese wesentlich von der affektiven Erschütterung durch das mißverstandene »Jenseitserlebnis« bestimmt ist, werden in der psychiatrischen Literatur vereinzelt als »mediumistische« oder »psychographische« Psychosen beschrieben. Es ist aber nur selten erkannt worden, daß diese Zustandsbilder in einem funktionellen Zusammenhang mit den psychischen Automatismen stehen. Diesen Zusammenhang werde ich im Folgenden darstellen und am Beispiel markanter Fälle die Pathogenese dieser Störungen zeigen. Da sie sehr häufig mit schizophrenen Zustandsbildern verwechselt werden, werde ich abschließend die unterscheidenden Merkmale der schizophrenen Ichstörung und der bei den mediumistischen Psychosen beteiligten psychogenen, vielleicht hysterischen Ichstörung diskutieren. In seinem Werk »Het Spiritisme«[2] zeigt auch W. H. C. Tenhaeff an einem Fall mediumistischer Besessenheit die hier in Frage stehenden Zusammenhänge: Eine Patientin schrieb automatisch unter dem Diktat des »Geistes« ihres Schwiegervaters, der zum Sprachrohr von Schuldgefühlen wurde. Der Umgang mit dem »Geist« hatte eine psychogene Psychose zur Folge, in deren Verlauf sich die Patientin erhängte.[3]

II. Die Bedeutung der spiritistischen Praktiken für den Nachweis einer unterbewußten intelligenten psychischen Aktivität hat Pierre Janet in seinem Werke »L'Automatisme psychologique« (1889) nachgewiesen. Forscher aus dem Kreise der englischen »Society for Psychical Research« – Gurney, Myers, Sidgwick u. a. – verwendeten das automatische Schreiben, um die Erscheinungsformen einer »secondary intelligence« zu untersuchen. Diese Forschungen wurden in Deutschland durch das Buch von Max Dessoir »Das Doppel-Ich« (1890) bekannt. Die Lehre von unterbewußten, intelligenten Leistungen und ihren Beziehungen zu pathologischen Spaltungsformen der Persönlichkeit wurde in Amerika von William James, Boris Sidis, Morton Prince – um nur einige zu nennen – weiter entwickelt. William McDougall hat später in seinen psychologischen und psychopathologischen Arbeiten diesen Erfahrungen einen hervorragenden Platz eingeräumt und sie in seinem Entwurf vom Aufbau der Persönlichkeit nachdrücklich berücksichtigt[4]. In dem Kapitel »Theorie der

Persönlichkeit und ihrer Desintegration« seiner »Abnormal Psychology« setzt sich McDougall mit Freud auseinander, der »etwas dogmatisch das wirkliche Bestehen mitbewußter Tätigkeiten (coconscious activities, ein von Morton Prince bevorzugter Terminus für unterbewußte Vorgänge) geleugnet hat«. Doch führe er keine stichhaltigen Gründe gegen die sehr deutlichen Beweise für eine solche Tätigkeit an. Daß er sie leugne, scheine dadurch bestimmt zu sein, daß er in sehr eigentümlicher Weise vom Bewußtsein konsequent so spricht, als sei es eine Art Scheinwerfer, der das Innere eines Zimmers erleuchte. Zugleich aber behandle er die unbewußten Vorgänge in Analogie zu den bewußten, was einen Widerspruch darstelle. Im Gegensatz zu Freud hat C. G. Jung die sich in den psychischen Automatismen äußernde ›Dissoziation‹ der Persönlichkeit schon in seiner Dissertation »Zur Psychologie und Pathologie sogenannter okkulter Phänomene«[5] beachtet, in der er automatische Produktionen mit der spiritistischen Praktik des ›Glasrückens‹ untersucht. Der Begriff der Dissoziation oder Desintegration fand später Aufnahme in seine Komplexlehre. In der Darstellung, die kürzlich Jolande Jacobi vorgelegt hat, heißt es im Zusammenhang mit den symbolischen Wirkungsformen struktureller archetypischer Gegebenheiten: »Es (das Symbol) kann, völlig unverstanden, als Ausdruck eines gleichsam hinter ihm verborgenen Komplexes, sich dem Ichbewußtsein als fremdes Gegenüber feindlich entgegenstellen, sich von ihm abspalten und eine Dissoziation in der Psyche hervorrufen. Damit wird es zu einer autonomen Teilpsyche, die sich in Form von ›Geistern‹, Halluzinationen usw., d. h. in neurotischen und psychotischen Symptomen aller Art bemerkbar macht.«[6]

Ein klassisches Beispiel für die pathologische Manifestation ›autonomer Teilpsychen‹ ist die Krankengeschichte von Ludwig Staudenmaier, der in seiner Selbstdarstellung »Die Magie als experimentelle Naturwissenschaft« (1912) schildert, wie sich durch den ständigen Gebrauch okkulter Praktiken ›Spaltpersönlichkeiten‹ entwickelten. Diese magische Initiation führte zu einer Psychose, die von Jaspers und anderen als Beispiel eines schizophrenen Zustandsbildes angeführt wird. Es wird nicht berücksichtigt, daß die Symptome alle Merkmale einer »hysterischen Ichstörung« zeigen, die Gruhle erstmals in seiner »Psychologie des Abnormen« (1922) im Zusammenhang mit den unterbewußten Produktionen der Medien, den Personifikationen und ihrer Steigerung zu den gespaltenen Persönlichkeiten und zur Besessenheit beschreibt und von der schizophrenen Ichstörung abgrenzt. Der Verlauf der Psychose bei Staudenmaier läßt allerdings an eine Mischung hysterischer und schizophrener Komponenten denken.

Angesichts der Verbreitung der spiritistischen Praktiken ist es kaum verständlich, daß diese unschwer in das Laboratorium zu übernehmenden Verfahren in der deutschen Psychologie und Psychopathologie so wenig beachtet wurden. Die Brauchbarkeit dieser Methoden für den Nachweis einer vom wachbewußten Ich nicht gelenkten intelligenten Aktivität glaube ich in meiner Bonner Dissertation über »Psychische Automatismen« nachgewiesen zu haben[7]. Ich wandte die eingangs geschilderte Methode des automatischen Buchstabierens mit einem leicht beweglichen Indikator an (das sog. »Glasrücken«) und konnte intelligente Produktionen in allen Graden der ›Verselbständigung‹ beobachten. Auch von Ungeübten werden die Bewegungen des Armes und der Hand beim Verschieben des Indikators als unwillkürlich erlebt. Analoge Beobachtungen macht man beim automatischen Schreiben oder beim Tischrücken. In bezug auf den Inhalt der Produktion besteht bei leichteren Graden der Verselbständigung nur der Eindruck, daß die betreffende Äußerung nicht bewußt gewollt wurde, sondern sich »von selbst« einstellte, der Wortlaut kann aber angegeben werden. Bei stärkeren Graden der Verselbständigung kann der geäußerte Inhalt nur nachdenkend allmählich rekonstruiert werden, wobei oft nur der Sinn, aber nicht der Wortlaut der Äußerung reproduziert werden kann. Fälle völliger Verselbständigung sind häufig: Man kann durch strenge Kontrollmethoden schon während des Versuchsverlaufes nachweisen, daß die Automatisten tatsächlich nicht wissen, was sie im Augenblick buchstabieren oder schreiben. Es handelt sich dabei nicht um ein sofortiges Vergessen des eben noch dunkel Gewußten, sondern um ein Nichtgewahrwerden des Produzierten schon im Augenblick des Vollzuges. Eine solche vom Wachbewußtsein abgespaltene, verselbständigte Denkleistung ist besonders eindrucksvoll, wenn gleichzeitig von der automatisch buchstabierenden oder schreibenden Versuchsperson eine normale geistige Leistung, etwa fließendes Erzählen oder fortlaufendes Rechnen, verlangt wird. Dann läßt sich zeigen, daß unter Umständen zwei voneinander getrennte Gedankenabläufe, der eine vollbewußt, der andere verselbständigt (»nebenbewußt« in der Terminologie von Morton Prince) gedacht werden können. Die Belastungsfähigkeit bei einer solchen Simultanleistung hat aber Grenzen: wird zuviel gefordert, hört eine der beiden Tätigkeiten auf oder die trennende Schranke wird durchbrochen, und Splitter der verselbständigten Reihe tauchen im Wachbewußtsein auf oder umgekehrt, Bruchstücke der wachbewußten Inhalte erscheinen in der automatischen Produktion – ein Zeichen, daß der Grad der Abspaltung keine Konstante ist.

Bei völliger Verselbständigung der automatisch produzierten Denkleistungen besteht eine totale amnestische Schranke zwischen dem dissoziierten System und dem Wachbewußtsein, aber nur in der Richtung vom Ich zum Teilkomplex. Das verselbständigte System verfügt über die Gedächtnisinhalte der Gesamtpersönlichkeit.

Bei manchen Automatisten stellt sich bei der Ausübung dieser »spiritistischen Praktiken« eine Art autohypnotischer Zustand ein, der in seiner Steigerung zum echten Trancezustand führt. Im Trancezustand beherrscht das verselbständigte System die Gesamtpersönlichkeit: die Funktionen des normalen Ich werden dann übernommen von einem Trance-Ich, das eine nahe Verwandtschaft zum hypnotischen Ich hat. Erlebnisse des Trancezustandes können in späteren Hypnosen gewöhnlich reproduziert werden, auch amnestische automatische Produktionen bei erhaltenem Wachbewußtsein werden häufig in der Hypnose erinnert oder erscheinen hin und wieder spontan als Trauminhalte.

Ich bezeichne diese verselbständigte, ich-fremde, vielfach auf das wachbewußte Ich nicht beziehbare, aber trotzdem intelligente psychische Tätigkeit als »unterbewußt«, um sie damit abzuheben von anderen »unbewußten« Vorgängen (determinierende Tendenzen im Sinne von N. Ach, dem Bewußtsein verborgene Motive, verdrängte Strebungen), die wirken, ohne bewußt zu sein, aber keine rationalen Funktionen im Sinne verselbständigter Denkprozesse voraussetzen. Während die Lehre vom Realpsychischen (verstanden als nicht rationales Unbewußtes) in der deutschen Psychologie fast unumschränkte Anerkennung gefunden hat, begegnet man der Behauptung unterbewußter (also intelligenter) psychischer Vorgänge noch vielfach mit Mißtrauen oder übergeht völlig ihre Existenz.

Die Funktionen, die solche unterbewußten Vorgänge zur Äußerung bringen, bezeichnet man, wie erwähnt, als »psychische Automatismen«. Man unterscheidet eine motorische Form von einer sensorischen. Bei der motorischen erfolgt, wie dargestellt wurde, die Äußerung der unterbewußten Prozesse durch Bewegungen, bei der sensorischen Form durch zentralerregte Sinnesvorgänge: Visionen, Stimmen oder haptische Trugerlebnisse. Begrifflich geformte, verselbständigte Denkprozesse können auch auf sensorischem Wege geäußert werden: etwa bei der alten mantischen Praktik der Kristallvision, bei der in einem durchsichtigen Körper oder auf glänzenden Flächen, eingebettet in szenenhafte Anschauungsbilder, rasch aufeinanderfolgende Buchstaben oder ganze Sätzeschriftbilder als Pseudohalluzination gesehen werden. Bei Verwendung einer Muschel als Stimulans können hin und wieder akustische Pseudohalluzinationen bei Automatisten induziert werden. Diese Praktiken treten aber hinter den motorischen an Häufigkeit der Verbreitung bei weitem zurück, weil sie zu der Dissoziationsfähigkeit noch eine Disposition für visuelle oder akustische »Anschauungsbilder« voraussetzen. In der alten magischen Literatur sind Beispiele für visuelles automatisches Buchstabieren zu finden[8], spontan treten bei eidetisch veranlagten Personen in solchen künstlich induzierten Visionen meist nur Bilder und keine begrifflich geformten Denkinhalte auf. Als Dressat lassen sich aber diese verhältnismäßig leicht im Laboratoriumsexperiment erzeugen, wie ich in einer Untersuchung über »experimentelle Visionen« gezeigt habe[9]. Akustische Pseudohalluzinationen als spiritistische Praktik sind selten. Bei den durch Abusus motorischer Praktiken entstandenen pathologischen Zuständen sind sie aber als führendes Symptom vorhanden. Gläubige Spiritisten sehen ein besonderes Zeichen der Begnadung darin, daß ein »schreibendes Medium« zu einem »hörenden« wird.

Außer in der Magie und im Zauberwesen begegnet man in einem völlig anderen Wertbereich den »Stimmen« als Trägern einer Mitteilung aus einer jenseitigen Welt auch bei den Mystikern von Hildegard von Bingen bis zu Jakob Böhme. Evelyn Underhill schreibt in ihrem Buch »Mystik«, daß in den mystischen Selbstbeobachtungen drei Arten von Stimmen unterschieden werden. Erstens die »körperlichen«, die – wie wir heute sagen würden – nach außen verlegte, »leibhafte« akustische Trugwahrnehmungen sind. Sie hatten als Vermittler der mystischen Offenbarung den geringsten Wert und standen bei den Mystikern im Verdacht, dämonische Einflüsterungen zu sein. Hier wird also, dem Stil der Zeit entsprechend, der vorwiegend pathologische Charakter dieser Erscheinung erkannt. Zweitens innere Stimmen, die im Kopfe gehört werden und die etwa mit dem identisch sein dürften, was heute als »Gedankenlautwerden« bezeichnet wird. Dieses Gedankenlautwerden wird in der mystischen Erfahrung als »Eingebung« erlebt. Als dritte Form werden Stimmen angeführt, die nicht mehr verbal erlebt werden, sondern vielmehr als Gewißheit der göttlichen Gegenwart. Hier ist das Wort »Stimmen« also eigentlich nicht mehr zutreffend, sondern gemeint sind Inhalte religiöser Erfülltheit, die als unmittelbare Kommunikation mit dem Göttlichen aufgefaßt werden. Diesen sollte der höchste Offenbarungswert zukommen.

Haptische Trugerlebnisse als Äußerungsform unterbewußter Denkprozesse konnte ich bei einem Patienten beobachten, der auf Staudenmaiers Spuren Magie betrieb und »Mitteilungen aus der Geisterwelt« durch Berührungsempfindungen erhielt, die eine halluzinierte schreibende Hand auf seiner Stirn auslöste. Diese Äußerungsform stellte sich ein, als er an der Realität der automatisch geschriebenen angeblichen Geistermitteilungen zu zweifeln begann: ein Kunstgriff des Unterbewußten, das sich des unbestechlichsten Sinnes bedient, als die kritische Ratio des Patienten von den früheren Prozeduren nicht mehr überzeugt wurde – ein Zeichen für die eigentümliche Gespaltenheit solcher spiritistischen Adepten.

Die Inhalte der unterbewußten Produktionen sind außerordentlich mannigfaltig. Fragen werden oft mit einer witzigen Überpointiertheit beantwortet, die an den Stil mancher Denkleistungen im Traum erinnert. Spontane Produktionen bringen vielfach vergessenes oder verdrängtes Material zur Äußerung; Phantasien, die mit unterdrückten Wünschen oder unausgelebten Anlagen der Persönlichkeit in Beziehung stehen, sind häufig. Oft erfolgt ein Abgleiten in das Minderwertige, das in einem Widerspruch zum Wertniveau der Persönlichkeit steht. Bemerkungswerte Leistungen wurden beobachtet, die die normalen Fähigkeiten zu übersteigen scheinen: so produzierte eine durchschnittlich gebildete amerikanische Bürgersfrau, Mrs. Curran, durch automatische Schrift eine Reihe von Romanen, von denen einer, »Patience Worth«, im 17. Jahrhundert spielt und nur wenige Wörter enthält, die nach dieser Zeit in die englische Sprache aufgenommen wurden.

Bei den spiritistisch Eingestellten herrschen salbungsvolle Verlautbarungen über die Zustände im Jenseits vor. Erstaunlicherweise werden auch besonnene Menschen oft völlig davon überzeugt, durch die spiritistischen Praktiken in Verbindung mit jenseitigen Wesen zu kommen[10]. Für den ichfremden Charakter dieser unterbewußten Prozesse ist bezeichnend, daß auch bei nicht spiritistisch eingestellten »Automatisten« die Äußerungen gewöhnlich so formuliert werden, als ob sie von fremden Intelligenzen herrühren. Diese Neigung zur Personifikation ist ein Merkmal solcher verselbständigten psychischen Systeme.

Bei den Trancemedien bleibt gewöhnlich ein verselbständigtes System konstant und gebärdet sich als »Kontrollgeist«. Der Kontrollgeist ist in den spiritistischen Sitzungen der Vermittler zwischen dem Medium und anderen, von Fall zu Fall sich meldenden Wesenheiten. Bei den seltsamen unterbewußten Phantasien des Genfer Mediums Hélène Smith, die von Théodore Flournoy meisterhaft untersucht wurden[11], gibt der Kontrollgeist Leopold die ersten Fingerzeige für das Verständnis der unterbewußt produzierten »Marssprache«, die das Medium im Trancezustand durch verbo-auditive und motorische Automatismen produzierte. Bei dem berühmten amerikanischen Medium Mrs. Piper vermittelt der Kontrollgeist oft überraschend genaue Angaben über das Schicksal verstorbener Angehöriger, nach denen das Medium von Sitzungsteilnehmern gefragt wird. In diesem und in anderen ähnlichen Fällen werden durch die Automatismen paranormale, meist telepathisch erworbene Inhalte zur Äußerung gebracht.

III. Während die Psychologie den so vielfach geübten »spiritistischen Praktiken« wenig Beachtung schenkte, sind von psychiatrischer Seite pathologische Folgezustände beschrieben worden, die im Anschluß an eine häufige Anwendung der spiritistischen Verfahren beobachtet wurden. Das Thema ist aktuell: nach erschütternden Zeitereignissen ist die Gefahr einer kritiklosen Hinwendung zum Okkulten groß, sei es, daß die quälende Sorge um das Schicksal von Vermißten oder die Sehnsucht nach Gefallenen zu spiritistischen Praktiken greifen läßt, sei es, daß auf enttäuschte Gemüter die spiritistischen und pseudo-mystischen Heilslehren eine eigentümliche Faszination ausüben. Charakteristisch für das Verfallen an das vulgär Okkulte in den Jahren nach dem Ersten Weltkrieg war der Erfolg der um 1920 in Hunderttausenden von Exemplaren verbreiteten »Zeitromane« von Arthur Dinter »Die Sünde wider den Geist« und »Die Sünde wider das Blut«, in denen trivialster Offenbarungsspiritismus mit völkischen Erneuerungsideen vermischt wurde. Dinter schöpfte seine Lehren aus der gläubigen Hinnahme spiritistischer Zirkelweisheit, die er durch einen Kontrollgeist »Segenbringer« vermittelt bekommt und für bare Münze nimmt. Die praktischen Vorschriften für den Kontakt mit Geistern, die aus diesem und anderen Traktaten zu entnehmen waren, machten Adepten, und viele suchten in der primitiven Anschaulichkeit solcher Pseudo-Erneuerungsideen, meist angelockt durch den sensationellen Beigeschmack, einen Ersatz für die Werte, die sie verloren hatten. Von psychiatrischer Seite wurde auf die Gefahren eines solchen mißverstandenen praktischen Okkultismus wiederholt hingewiesen. Bonhoeffer schrieb 1923, daß bei anstaltsbedürftigen Psychopathen ein gesteigertes Interesse für okkultistische Betätigung festzustellen sei. Es scheine sogar »eine geradezu spezifische Form transitorischer psychogener Psychose aufzutreten, die sich vor allem im Gefolge des ›Geistschreibens‹, der Psychographie, einstellt«[12].

Solche transitorischen Psychosen im Anschluß an spiritistische Praktiken, die »mediumistischen« oder »psychographischen« Psychosen, wurden in einer größeren Zahl von Fällen, auch von Jakobi[13], Kehrer[14], Jakob und Meyer[15], Stekel, I. H. Schultz und anderen beschrieben. Henneberg[16] konnte darauf hinweisen, daß er schon 1902 – als in Berlin durch das berüchtigte Blumenmedium Anna Rothe eine Art spiritistischer Endemie ausgebrochen war – mediumistische Psychosen beschrieben und auf ältere amerikanische statistische Erhebungen über ihre Häufigkeit aufmerksam gemacht hatte[17]. In der französischen psychiatrischen Literatur werden die psychogenen Psychosen im Anschluß an spiritistische Praktiken in einer größeren Zahl von Arbeiten behandelt[18]. Die Krankheitsbilder werden streng getrennt von dem spiritistischen Erklärungswahn Schizophrener.

Charakteristisch für den Verlauf der mediumistischen Psychosen ist die Erscheinung, daß im Gefolge häufig betriebenen automatischen Schreibens oder Buchstabierens, das in dem affektiv erschütternden Glauben einer spiritistischen Verbindung mit Jenseitigen ausgeübt wird, sich Stimmen einstellen, in denen zunächst das psychographisch Produzierte laut wird, die aber dann selbständig werden und als akustische Halluzinose, oft verbunden mit visuellen Trugbildern und Zwangsantrieben, die Patienten quälen. Der halluzinatorische Erregungszustand klingt bei den reinen psychogenen mediumistischen Psychosen bei einem Verzicht auf die spiritistischen Praktiken und bei einer sachkundigen Persuasion nach einiger Zeit ab. Restzustände mit dauerndem Stimmenhören bleiben oft länger bestehen. Die Angaben der Patienten sind von auffallender Gleichförmigkeit. So berichtet Henneberg von einer Schriftstellerin, die in der Handschrift ihres verstorbenen Ehemannes mit der linken Hand automatisch schrieb, wobei ihr unbekannte Dinge mitgeteilt wurden, die sie erst durch Lektüre des Geschriebenen kennenlernte. Nach drei Wochen traten Stimmen auf, dann Zwangshandlungen auf Veranlassung der Stimmen. Das akute Stadium klang nach vier Wochen ab, ein Restzustand mit fortgesetztem Stimmenhören – einem Chorus unbekannter Geister – blieb aber, einer Suggestivtherapie unzugänglich, lange erhalten. Ähnlich Jakobi: eine 42jährige Frau, angeregt durch einen spiritistischen Zirkel, betrieb das Glasrücken. Dabei hörte sie plötzlich eine ihr unbekannte Stimme. Sie psychographierte weiter, hörte Klopftöne an den Wänden und in allen Ecken und dauernd Stimmen, die schließlich auch zu lästern anfingen, ihr Unheil verkündeten und Befehle erteilten. Nur mit Aufbietung aller Kraft konnte sie den Zwang überwinden. Nach sechswöchentlichem Klinikaufenthalt konnte die Patientin nach entsprechender Suggestivtherapie und Aufklärung geheilt entlassen werden.

Kehrer sieht in der mediumistischen Psychose eine psychogene Reaktionsform und bezeichnet als ätiologische Faktoren reaktive

Labilität, ausgesprochene pseudohalluzinatorische Disposition, eigenartige, durch besondere Lebensumstände bedingte Gemütslage und längere Zeit durchgeführtes Psychographieren. Dagegen halten Jakob und Meyer für die offenbar psychogenen ›spiritistischen Psychosen‹ eine besondere Anlage der prämorbiden Persönlichkeit für entscheidend, die überhaupt zur Beschäftigung mit spiritistischen Dingen treibt. Sie sehen den entscheidenden Anstoß für die Entwicklung des Krankheitsbildes in der Fremdartigkeit der okkulten Erlebnisse. Dem andauernden Psychographieren messen diese beiden Autoren keine besondere Bedeutung zu. Auch Henneberg, der diese Auffassung zwar für verfehlt hält, kommt zu keinem andern Ergebnis: für die typischen Fälle mediumistischer Psychosen sei die Hingabe an spiritistische Prozeduren in der Tat die psychische Ursache des Krankheitsbildes, das sich aus einer pathologischen Ergriffenheit entwickle. Dies sei deutlich daran zu erkennen, daß Sinnestäuschungen und Wahnbildung inhaltlich völlig dem Affektstoß entsprächen und nach seinem Abklingen zurückträten. »Man darf nicht übersehen«, schreibt dieser Autor, »daß es für einen naiven, auf psychologischem Gebiet völlig unorientierten Menschen ein ganz unerhörtes Erlebnis ist, wenn er plötzlich Kunde aus dem Jenseits erhält.« Eine Einordnung dieser transitorischen Psychose in die Hysterie sei nur mit Zwang möglich, da die meisten Patienten keine hysterischen Symptome im engeren Sinne aufweisen und für den Anfall von Geistesstörung auch keine Amnesie besteht.

Von keinem dieser Autoren wird die von den spiritistischen Praktiken herbeigeführte künstliche »Spaltung der Persönlichkeit« berücksichtigt, die zu einer ständigen Anreicherung autonomer Teilkomplexe fortschreitet. Auch die wenigen neueren Arbeiten sehen die funktionelle Bedeutung der artifiziellen psychischen Automatismen nicht. Ich erwähne nur E. J. Tolsma, der in seiner Arbeit »The psychiatric significance of spiritualistic (i. e. spiritistic) groups«[10] im Unterschied zu der angeführten Literatur zwischen spiritistischen Psychosen (Halluzinosen) und mediumistischen (psychographischen) Psychosen unterscheidet, die klinisch als maniform ekstatisches Syndrom verlaufen. Von den letztgenannten interpretiert er zwei Fälle phänomenologisch und daseinsanalytisch und nennt als wesentliche Züge der präpsychotischen Persönlichkeit: gestörter

107

Wirklichkeitskontakt, Wurzellosigkeit, schwebende Daseinsform, Mangel an Realismus, Interesse für religiöse Fragen, bei fehlender Verwirklichung eigener Ideen die Tendenz, eine Welt unsubstantiellen Charakters aufzubauen.

IV. Im Folgenden werde ich aus einem größeren eigenen Material vier Fälle typischer mediumistischer Psychosen darstellen. Bei den Fällen 1–3 liegt eine Katamnese von über 15 Jahren vor, die nichts Auffälliges ergab. Die Diagnose einer transitorischen psychogenen Psychose in Reaktion auf die Ausübung spiritistischer Praktiken wird dadurch nachdrücklich unterstützt.

Fall 1: Elisabeth B., eine bei ihrer Erkrankung 25jährige Volksschullehrerin, die sich nach ihrer Reifeprüfung ihr Studium an der Pädagogischen Akademie durch Buch- und Filmkritiken verdiente, lernte 1935 das Buch von Arthur Dinter »Die Sünde wider den Geist« kennen. Von diesem spiritistischen Traktat tief beeindruckt, beschloß sie, durch automatisches Schreiben mit dem »Schutzgeist Segenbringer« in Verbindung zu kommen. Sie hoffte, religiöse und politische Erleuchtungen zu finden. Nach täglichen Übungen gelang schließlich das »okkulte Diktat«, und sie schrieb automatisch die üblichen salbungsvollen Ergüsse, die die Dinterschen Lehren zu bestätigen schienen. Nach einiger Zeit meldete sich plötzlich ein anderer »Geist« – ein bekannter Opernsänger, für den die Patientin eine schwärmerische Verehrung hatte und den sie für tot hielt. Er machte ihr Anträge aus dem Jenseits, Segenbringer warnte sie und teilte ihr schließlich durch die schreibende Hand mit, er wende sich nun von ihr ab, denn sie und der Opernsänger hätten sich versündigt. Kurz zuvor hatte sie im Gedanken an den Geist des Opernsängers »zum ersten Male von Kopf bis zu Füßen ein erotisches Gefühl«, während sie im Bett lag. Mittlerweile hörte sie das Geschriebene gleichzeitig mit der automatischen Niederschrift und schließlich auch unabhängig von dem Akt des Schreibens. Es wurde ihr gesagt: wenn der Geist an sie herankäme und sie körperlich berühre, solle sie sich ganz starr machen und davon weg denken. Die Patientin wurde von dem Gedanken gequält, was sie tun könne, um ihre Schuld und die ihres jenseitigen Kavaliers zu sühnen. Es wurde ihr schließlich, durch Handbewegungen in die Luft – von Gott unterzeichnet – geschrieben, sie solle das Opfer ihres Lebens bringen. Sie gab noch eine Unterrichtsstunde, dann folgte sie den Fingerzeigen ihrer Hand, die sich unwillkürlich bewegte. Diese führte sie an die Oder und wies dann direkt ins Wasser hinein. Sie stürzte sich in den Fluß und wurde gegen ihr Widerstreben gerettet.

Im Krankenhaus sprach »durch Luftschreiben und Stimmenhören« die Wesenheit weiter zu ihr. Feurige Kreise »wurden ihr vorgestellt«, sie durfte keinen eigenen Willen haben und mußte das tun, was die Wesenheit von ihr wollte. Die Zwangstriebe nahmen sinnlose Formen an: der Finger wies auf die Wand. Sie »dachte mit dem Verstand: Na, da sollste durch, das geht ja gar nicht«. »Lief dann natürlich mit dem Kopf gegen die Wand.« Allmählich zweifelte sie daran, daß es sich um fremde Wesen handelte, die sich durch okkultes Diktat, Luftschreiben und Stimmenhören äußerten. Die Formel »es atmet mich«, die sie einmal las, gab ihr die erste Erleuchtung, »daß es das eigene Wesen ist, das sich äußert, also das andere Ich«. Erst allmählich wurde ihr klar, »daß das sogar der Segenbringer sein kann«. Trotzdem hörte das »Gegendenken« noch nicht auf. »Während es vorher absoluter Haß war, wurden jetzt nur noch Kinkerlitzchen gemacht.«

Mittlerweile war von einem Erbgesundheitsbericht auf Sterilisation wegen Schizophrenie entschieden worden. In einer klaren Darstellung ihrer Vorgeschichte und ihres Zustandes wandte sich die Patientin an mich. Durch meine Vermittlung hat sich Bonhoeffer des Falles angenommen und eine Revision der Entscheidung bewirkt. E. B. wurde als ein Fall ›psychographischer Psychose‹ in einer Sitzung der Berliner Gesellschaft für Psychiatrie und Neurologie vorgestellt[20]. Sie ist seither in verschiedenen Berufen tätig gewesen und immer symptomfrei geblieben.

Über die Zurückbildung ihrer ›Personifikationen‹ sagt sie: »Nachdem ich gründlich aufgeräumt hatte, ist mir ›der andere‹ zum besten Freund geworden. Er redet fast immer berlinerisch. Wir stehen uns sehr gut. Er hat Humor und großen Sinn für mein Wohlergehen. Wenn ich z. B. einmal Herzbeschwerden habe, sagt er: ›Mach Dir keine Sorgen, das bringe ich wieder in Ordnung.‹ Sagt meinetwegen auch zu mir: ›Du, hör mal, heute wollen wir nicht ins Kino gehen, wir haben ja kein Geld mehr.‹ Es sind eben zwei in uns. Die meisten Menschen merken es nur nicht deutlich genug. Jeder Irrtum wird vom Unterbewußten ausgenützt und als fauler Zauber, als Mätzchen vorgeführt, solange man nicht darüber Bescheid weiß.«

Entstehung und Verlauf dieses Krankheitsbildes zeigen alle Merkmale der mediumistischen Psychose so unverkennbar, daß an dem psychogenen Ursprung nicht zu zweifeln ist. Durch das für die Patientin völlig neuartige Erlebnis, daß ihre eigene schreibende Hand ›Geisterbotschaften‹ vermittelt, die ihr als etwas Ich-fremdes erschienen, wurde eine affektive Erschütterung ausgelöst. Diese Erschütterung begünstigte eine rasche Entwicklung des dramatischen Geistertheaters, das ihr unter der Regie verselbständigter Komplexe vorgespielt wird. Dieses Theater ist ein Ausdruck unausgelebter Strebungen: in einem pseudoreligiösen Klima brechen bisher verdrängte sexuelle Tendenzen durch, die sich infolge der Desintegration der Persönlichkeit der Zensur entziehen können. Die Patientin reagiert darauf mit einem Versündungswahn, dessen Sprecher die Personifikationsform »Gott« ist, der sich durch ›Luftschreiben‹ mitteilt. Die Frage stellt sich, ob diese reaktive Psychose strukturell eine Beziehung zur ›hysterischen Ichstörung‹ hat. Hysterische Stigmen im engeren Sinne sind nicht nachzuweisen, doch legt die labile, extravertierte, mit hervorstechendem Geltungsbedürfnis auf Wirkung und Publikum bedachte Persönlichkeit die Vermutung einer hysterischen Disposition nahe. Für die Symptomatologie wesentlich ist der Übergang vom automatischen Schreiben zu Gehörshalluzinationen.

Fälle 2 und 3: Zwei wahrscheinlich erbgleiche, 39jährige verheiratete Zwillingsschwestern, Frau Ilse M. und Frau Ruth R., wurden unter dem Verdacht einer Schizophrenie in kurzem Abstande 1940 in die Freiburger Psychiatrische Klinik eingewiesen. Die vitalere, Frau M., ist Außen- wie Innenminister dieses Paarverhältnisses und gibt in jeder Hinsicht den Ton an. Beide Schwestern haben sich aus Liebhaberei mit okkultistischer, spiritistischer und anthroposophischer Lektüre befaßt: Frau M. mit einem Bedürfnis nach Auseinandersetzung, ihre Schwester, in der Hauptsache in Mutter- und Haushaltspflichten aufgehend, mehr imitierend und ohne Stellungnahme. Jahre vor ihrer Erkrankung haben sie beide hin und wieder »aus Jux« gependelt. Durch eine medial veranlagte Verwandte lernten sie in einem Zirkel das Tischrücken und automatische Schreiben kennen. Unter dem Eindruck des Todes ihres Vaters nahmen sie diese Praktiken erneut auf. Frau M. unterrichtete ihre Schwester brieflich von ihrer »Schulung«: die ersten Male ging es nicht, dann begann der Bleistift sich zu bewegen, später schrieb er Buchstaben, schließlich ganze Sätze. »Es ist« – sagte sie –, »als ob man ganz leicht geführt wird. Man spürt keine Muskeln. Das Schreiben geht ganz weich, und man weiß nicht, was man schreibt.« Die Patientin war überzeugt, mit ihrem verstorbenen Vater und einem spanischen Arzt in Verbindung zu stehen. Sie schrieb bis tief in die Nacht ganze Hefte voll. Neben Belehrungen über die Zustände im Jenseits kamen Mitteilungen, die eine außerordentliche Kenntnis der ›Geistwesen‹ von ihren persönlichsten Angelegenheiten verrieten: frühe Kindheitserlebnisse wurden ihr geschildert, die Geister spielten auf peinliche Dinge an, machten ihr Vorwürfe, aber gaben auch gute Ratschläge. Das Schreiben ging immer schneller, sie hatte das Empfinden, nach einem Geisterdiktat zu schreiben, und zweifelte daran keinen Augenblick. Als sie einmal, dem Diktat folgend, ein Wort unterstreichen mußte, *hörte sie es laut und deutlich von einer fremden Stimme gesprochen.* Seither brauchte sie nur mit dem Bleistift Striche zu machen, um die Mitteilung Wort für Wort, den Strichen entsprechend, zu hören. Bald hörte sie die Geisterstimmen nicht nur in der Situation des automatischen Schreibens, sondern überall und zu jeder Zeit. Sie wurden immer lauter und aufdringlicher, kommentierten ihr Verhalten, gaben ihr sinnlose Befehle, denen sie sich widersetzte, redeten ihr gut zu, um plötzlich wieder in das Gegenteil zu verfallen und frech und ordinär zu schimpfen und zu höhnen.

Bei der Aufnahme machte die Patientin einen gespannten, fast stuporösen Eindruck und verweigerte zunächst jede Auskunft. Die Geister hatten ihr, wie sie später angab, das Reden verboten.

Am Tage nach der Aufnahme versuchte die Patientin, sich mit einem Glasscherben die Pulsader zu öffnen. Später berichtete sie von ›Visionen‹: auf der Glasscheibe der Türe sah sie ihren Vater mit vorwurfsvollem Gesichtsausdruck in Büchern kramen. Zugleich belehrten sie die Stimmen, daß damit ihr flüchtiges Lesen, »die Ursache vielen Übels«, gebrandmarkt werden sollte.

Mittlerweile war die in einer andern Stadt lebende Zwillingsschwester der Patientin, Frau R., nach einem Suizidversuch ebenfalls in die Freiburger Klinik aufgenommen worden. Sie hatte auf Anregung ihrer Schwester ebenfalls automatisch geschrieben. Sie hörte schon Worte, als sie das zweite Mal automatisch mit Erfolg ganze Sätze als angebliches Geisterdiktat schrieb. Diese Worte waren aber kein Lautwerden des Geschriebenen, sondern »häßliche Worte, die man seiner ganzen Denkart nach nicht denkt«. Dann wurden es ganze Sätze, später redeten die Geister unentwegt. So konnte sie sich mit den Wesenheiten unterhalten, doch wich sie, ratlos und apathisch, aus, wenn man sie auf die Geistertheorie zu fixieren versuchte. Eines Tages waren die Stimmen plötzlich fort. Sie wurde kurz darauf entlassen, aber bald mit denselben Symptomen wieder eingewiesen.

Diesmal hat die Patientin auch »Bilder« gesehen. Sie weiß nicht mehr viel davon. Mal war es ein Standbild, mal eine Uhr, darunter ein liegender Neptun, dahinter ein Baby. Die Uhr sei herumgegangen. Was das zu bedeuten hat, weiß sie nicht. »Man wird so hingezogen, wo etwas zu sehen ist«, meinte sie. Überhaupt könne man bei keinem Gedanken und keinem Gefühl verweilen, »die Stimmen ziehen gleich woanders hin«. Über die Beziehung des Stimmenhörens zum eigenen Denken sagte sie: »Was die Stimmen sagen, ist nicht von mir gewählt. Es ist, als ob sich jemand mit einem unterhält, es ist ein anderer, der mit einem spricht.« Manchmal begleiteten die Stimmen auch das Denken. Von ihrer Schwester wurde der Pat. geraten, durch bewußte Meditation – über ein vor ihr liegendes Buch etwa: es ist so und so lang und breit, hat einen grünen Umschlag etc. – zu versuchen, der Stimmen Herr zu werden. Ihr war dies gelungen. Bei Frau R. versagte diese Methode: die Stimmen sprachen das, was sie meditierend formulieren wollte, vorwegnehmend aus. »Sie sind eben manchmal schneller, als man selbst denkt.«

Bei beiden Patientinnen wurde zunächst eine Schizophrenie angenommen und eine Insulinschocktherapie durchgeführt. Im Verlauf der Behandlung hatte Frau M. ihre Stimmen fast ganz verloren. Sie war wieder der kontakfreudige, lebhafte und heitere Mensch von früher geworden. Mit Erfolg versuchte sie, das Krankheitserlebnis zu assimilieren, beschäftigte sich, ernsthafter als früher, mit Anthroposophie, gewann, wie Nachbefragungen ergaben, ein zunehmendes Verständnis für das Wesen spiritistischer Praktiken. Sie gab zu, daß bei einem gelegentlichen Rückfall in das »Geisterschreiben« sich prompt wieder Stimmen eingestellt hatten. Sie wurde bald völlig symptomfrei. Eine Katamnese von nahezu 15 Jahren ergab nichts Auffälliges.

Die Halluzinose der weniger vitalen Schwester, Frau R., war hartnäckiger. Es wurden noch zwei Klinikaufenthalte notwendig. Schließlich wurde sie praktisch frei von Stimmen. Erst dann setzte sie sich mit der Frage auseinander, »ob die Stimmen nicht doch aus ihr selbst herauskommen«. »Man denkt ja oft die seltsamsten Dinge, auch solche, die man selbst gar nicht will.« Ihrer unselbständigen Natur entsprechend, vertraute sie sich nach ihrer Entlassung der Führung ihrer Schwester an, die ihr half, das Krankheitserlebnis zu distanzieren und sich mit der unklar empfundenen Berührung mit einer »jenseitigen Welt« auseinanderzusetzen.

Es liegt auf der Hand, daß bei diesen beiden Patientinnen der Verdacht einer Prozeßpsychose vor allem dadurch nahegelegt wurde, daß es sich um ein Zwillingspaar handelt. Es ist aber keine hereditäre Belastung festzustellen, ebenso keine schizothymen oder schizoiden Temperamentsmerkmale. Die Krankengeschichten heben hervor, daß beide Patientinnen nach einem anfänglich gehemmten, substuporösen Verhalten einen auffallend guten Kontakt bekamen, eine herzliche, warme, rücksichtsvolle Beziehung zu Ärzten und Mitpatienten hatten und mit lebhaftem Interesse an den Vorgängen der Umwelt teilnahmen.

Bei beiden Patientinnen zeigt die Pathogenese wiederum die typische Symptomatik der mediumistischen Psychose. Deutlich wird die Koppelung des sich im Zuge des automatischen Schreibens zunehmend verselbständigenden Denkens mit dem Auftreten der Stimmen. Die zunächst motorisch produzierten ›unterbewußten‹ Inhalte äußern sich nun auch auf sensorischem Wege. Besonders auffällig ist diese funktionelle Abhängigkeit bei der Patientin I. M.: als sie ein Wort des Geisterdiktates unterstreichen mußte, hörte sie es gleichzeitig und brauchte fortan nur Striche zu machen, um Wort für Wort die Botschaft zu hören. Genau denselben Vorgang berichten Ch. Jakob und G. Meyer von einem 25jährigen Ingenieur, der während der Examenszeit »Das Fortleben nach dem Tode« las, Tisch- und Glasrücken und schließlich das automatische Schreiben praktizierte. Der

Patient berichtete: »Schließlich schrieb ich nicht mehr, sondern tippte nur mit dem Griffel punktierend auf die Tafel, dann genügte schon diese Handbewegung und ich verstand Worte, ungewollt.«

Dieser Patient schrieb in drei Tagen ein weltverbesserndes, ›religiöses‹ Werk nieder und fühlte sich als Verkünder einer neuen Weltanschauung. In der Klinik erklärte er, er habe zwei Stimmen in sich, die eine sei Gottes Stimme. Gute und böse Gedanken bekriegten sich. Er entwickelte Ideen, die nach Ansicht der Verf. »ganz der schizophrenen Welt angehören«, wobei er immer wieder betont, daß sie ihm durch mediales Schreiben, dessen Bedeutung ihm zum Teil selbst nicht klar sei, vermittelt würden. Die Verf. halten diesen Fall für eine »eindeutige schizophrene Prozeßerkrankung«, stellen aber fest, daß zwischen einfachen mediumistischen Trancezuständen und entsprechenden schizophrenen Prozessen die größte Ähnlichkeit, ja Identität bestehen kann. So wäre aus den der akuten Erkrankung vorauslaufenden Trancezuständen bei diesem Patienten niemals die Diagnose Schizophrenie abzuleiten gewesen, man hätte sie nur immer wieder als psychogene Dämmerzustände auffassen müssen. Überhaupt könnte die Fülle hysterisch demonstrativer Züge und die Affektivität dieser Kranken anfänglich zu der Annahme eines psychogenen Ausnahmezustandes verleiten[21].

Offenbar handelt es sich auch in diesem Falle nicht um eine spiritistisch gefärbte Schizophrenie, sondern um eine mediumistische Psychose. Wenn man die Phänomenologie der psychischen Automatismen und die spiritistischen Praktiken als Äußerung eines verselbständigten Denkens nicht aus eigener Anschauung kennt, ist man leicht geneigt, das »Geisterschreiben« als Symptom einer Wahnbildung anzusehen und die Gehörshalluzinationen, die – wie nachgewiesen wurde – damit funktionell gekoppelt sind, als Zeichen einer ›Prozeßpsychose‹ zu verkennen. Hier scheint noch die Auffassung Kraepelins nachzuwirken, das regelmäßige Auftreten von Gehörstäuschungen auch bei Tage schließe Hysterie aus und spreche für Dementia praecox. Nun gibt es schon in der älteren Literatur zahlreiche Beispiele für chronisches »hysterisches« Stimmenhören. Erwähnt sei nur ein lehrreicher Fall von Forel[22] und eine Sammlung von Fällen von Lewandowsky[23].

Fall 4: Die 69jährige Patientin Regine S., pensionierte Bibliothekarin, hat nach kurzer, später Ehe zwei Jahre vor der Erkrankung ihren Mann verloren. Gleich nach seinem Tode hatte sie einen Traum, in dem er ihr sagte, sie solle wieder in die Kirche eintreten und für ihn beten. Um mit ihrem Mann, dessen Verlust sie nicht überwinden konnte, in Verbindung zu kommen, beschäftigte sie sich mit okkulter Literatur. Ihr Bruder, ganz vom spiritistischen Glauben überzeugt, beriet sie. In einer spiritistischen Zeitschrift fand sie eine Anleitung zum Pendeln über dem Alphabet zum Zwecke des Kontaktes mit Verstorbenen. Kurz zuvor hatte sie, tief beeindruckt, die »Autobiographie eines Yogi« von Yogananda gelesen. Schon beim ersten Pendeln meldete sich dessen Guru Yukteswar. Die Patientin war so ergriffen, daß ihr die Tränen kamen. Sie hat dann monatelang ganze Nächte durchgependelt. Es war wie ein Zwang, gegen den sie sich vergebens zu wehren versuchte. Dann vernahm sie den Geist in einem »inneren Diktat« – auf telepathischem Wege, wie sie annahm. Es wurden ihr Befehle gegeben: sie mußte alle ihre bekannten Kirchen aufzählen, Zitate aus früheren Gesangspartien ihres Mannes, der Opernsänger war, nennen etc. »Auftauchende Zweifel wußte der Geist immer zu beschwichtigen.« Die Quälereien nahmen zu. Sie wurde erotisch-perversen Vorstellungen, »die ihr immer sehr fern gelegen haben«, ausgesetzt, sie mußte stundenlang nachts im Bett unbeweglich liegen oder ihre Hand so lange in kaltes Wasser halten, bis sie schmerzte. Die Stimmen nahmen zu: sie hörte schließlich einen ganzen Chor. Als sich Suizidgedanken aufdrängten, wandte sie sich in ihrer Not an spiritistische Zirkel, mit der Bitte, um ihre Befreiung von dem Geistwesen zu beten.

Auf Umwegen erfuhr sie von meinem Institut und sandte einen Hilferuf. Nach brieflicher Beratung folgte eine persönliche Rücksprache. Die Patientin, vorbereitet durch Literatur, die ich ihr geschickt hatte, erwies sich als außerordentlich kontaktfähig, rasch in der Auffassung, intelligent, einfühlungsfähig. Unterstützt durch ihren Willen zur Gesundung, gelang es in kurzer Zeit, sie von dem ›unterbewußten‹ Ursprung der angeblichen Geistereingebungen zu überzeugen. Weniger durch Persuasion als durch ihre bemerkenswerte Einsichtsfähigkeit kam es bald zu einer völligen Symptomfreiheit, die nun seit nahezu drei Jahren anhält.

Ein blinddiagnostisches psychologisches Gutachten auf Grund

von Rorschach- und Farbpyramidentest sowie der Handschrift kam zu folgenden Feststellungen:

»Die Probandin ist eine intellektuell gut begabte, an mitmenschlichen Belangen sehr interessierte Persönlichkeit, deren Verhalten in normaler Situation durchaus angepaßt ist. Sie ist sehr sensibel und vermag sich gelegentlich so stark mit dem Erlebten zu identifizieren und sich innerlich damit zu beschäftigen, daß die aktive, echte Kontaktfähigkeit davon negativ beeinträchtigt wird. Bei der ausgeprägten Tendenz zur Verinnerlichung besteht die Gefahr zum bloßen Hineinnehmen von Außenreizen, die dann ausgesponnen und zutiefst als Unruhefaktor wirksam werden. So lebt sie sozusagen in zwei Welten: einerseits steht sie mit ihrem scharfen, wachen Intellekt und ihrer erhöhten Einfühlungsfähigkeit ständig aufgeschlossen im Umweltkontakt, während die ebenso starke andere Seite des Erlebnisfeldes nach innen verlagert ist. Daraus erwächst ihr eine Beunruhigung, der sie sich aus einer eigenartig ambivalenten Einstellung von Angst und Auskostenwollen wiederum hingibt. Die starke Sensitivität, die im Hintergrund eine Art sensitive Beziehungsangst spüren läßt und besonders auf unheimliche, beängstigende Inhalte eingeengt ist, senkt gelegentlich das intellektuelle Leistungsniveau. Dann tritt eine Absperrung des affektiven Bereiches ein, die bis zu einem völligen Versagen der Reaktionsfähigkeit gegenüber der realen Situation führen kann.«

Das Krankheitsbild dieser Patientin, wiederum eine mediumistische Psychose, entspricht weitgehend den von Kehrer beschriebenen psychogenen Reaktionsformen die älteren alleinstehenden Frauen: Zusammentreffen einer reaktiven Labilität, ausgesprochene pseudohalluzinatorische Disposition, eigenartige, durch besondere Lebensumstände mitbestimmte Gemütslage und längere Zeit durchgeführtes Psychographieren. Doch wird die pathogenetische Bedeutung der künstlichen Dissoziierung durch die spiritistische Praktik von Kehrer nicht gewürdigt. Erneut wird deutlich die affektive Erschütterung durch das mißverstandene Jenseitserlebnis und die funktionelle Abhängigkeit der Stimmen von der fortschreitenden Ausbildung verselbständigter Komplexe durch das nächtelang betriebene Pendeln. Die psychologische Analyse der Patientin weist die strukturellen Vorbedingungen nach, die dem Wahnhaftwerden der Erfahrungsweise der Angst zugrunde liegen. Unternimmt man es, daseinsanalytische Gesichtspunkte, wie sie etwa L. Binswanger in seiner »Schizophrenie«[24] entwickelt, auf die Erlebniswelt dieser Patientin während ihrer transitorischen Psychose anzuwenden, kann man eine Erhellung in Formulierungen finden wie: »Es handelt sich um ein völlig von der unheimlichen Daseinsmacht des Schrecklichen überwältigtes In-der-Welt-sein, um ein solches also, das nicht nur an Welt (im Sinne Heideggers) verfallen ist, sondern in diesem Verfallensein das Schreckliche als (isolierte) Macht vernimmt (›fühlt‹, ›spürt‹, ›hört‹, ›sieht‹).« Weiter in bezug auf die Bestimmung des Wahns: »Wahnhaft nennen wir die äußerste Konsequenz der Erfahrungsweise der Angst, wenn der Folgezusammenhang des Schrecklichen sich als unheimliche böse Macht, als Teufel, Dämon, schreckliche Stimme... erweist«[25]. Doch vollzog sich bei dieser Patientin offenbar keine tiefgreifende »Wandlung des Daseins im Sinne seiner Selbstentmächtigung und Unterwerfung unter eine fremde Macht«, sondern um ein vorübergehendes »Besessensein« von einem Irrtum, der eine Affektlawine auslöste und zu einer dramatischen Ausgestaltung auf einer Wahnbühne führte. Die Szenen des Schrecklichen, die die Patientin monatelang erlebte, werden nicht dadurch bagatellisiert, daß sich der Irrtum als auflösbar erwies, der Wahn also korrigierbar war. In seinem akuten Stadium ist das Krankheitsbild der mediumistischen Psychose phänomenologisch von dem einer schizophrenen Prozeßpsychose kaum zu unterscheiden.

V. Phänomenologisch betrachtet sind den mediumistischen und schizophrenen Psychosen gemeinsam die Erscheinungen einer »gestörten Selbstführung«. Bei beiden Zustandsbildern findet sich ein klar strukturiertes Syndrom, das gewöhnlich als spezifisch für das ›Schizophrensein‹ angeführt wird: Gedankenlautwerden, Gedankenentzug, Gedankenlesen, das Handeln begleitende Stimmen, psychomotorische Halluzinationen, innere Zwiegespräche, Beeinflussungs- und Bemächtigungswahn (Minkowski). Doch sind Pathogenese und Verlauf grundverschieden. Beschränkt man sich auf das Phänomen der dem Lenkungsbewußtsein entzogenen, »gemachten« oder »abgezogenen« Gedanken, kann man sagen, daß die Störung in einer Veränderung des Bewußtseins der Souveränität, des »Ursachseins«, beruht. H. W. Gruhle und andere Autoren bezeichnen dieses Primärsymptom als »Ichstörung« und sehen darin vorwiegend eine Alteration des Willens-Ichs, die bei der Schizophrenie organisch bedingt sein soll[26]. Eine solche Entmachtung des Willens-Ichs nennt de Clérambault »Dépossession« und sieht in dem oben erwähnten Syndrom einen »automatisme basal«, in dem eine neurologische Störung auf psychologischer Ebene Gestalt annimmt. Dieser automatisme basal, auch ›geistiger Automatismus‹ genannt, wird außerordentlich weit gefaßt: alle psychischen Vorgänge, bei deren Ablauf die Ichzugehörigkeit nicht erlebt wird, also alle unwillkürliche Aktivität, werden in diesen Begriff einbezogen. Claude übernimmt den Gedanken des geistigen Automatismus in seine Lehre von der Schizophrenie, deren Grundsymptom er in der Spaltung der willkürlich gerichteten und der automatisch-unwillkürlichen Aktivität sieht. Aufgrund dieser Dissoziation – lehrt er – komme es dann zur autistischen Reaktion. Diese Lehre betrachtet die schizophrenen Symptome als eine Störung der Kontrolle der assoziativen Abläufe und sieht darin das Schisma, die psychotische Spaltung – eine Deutung, die sich der Bleulerschen Störung der Assoziation und noch mehr dem Sejunktionsgedanken Wernickes sehr stark nähert[27]. Nun ist der Begriff des ›geistigen Automatismus‹, wie er in der modernen französischen Psychiatrie entwickelt wurde, streng zu trennen von dem psychischen Automatismus Pierre Janets, der an der Beobachtung hysterischer Patienten entwickelt wurde, wobei die hier in Frage stehenden spiritistischen Praktiken, besonders das automatische Schreiben, vielfach von Janet angewandt wurden. Auf diese Unterscheidung machte Minkowski in seinem Diskussionsbeitrag zu dem Symposion »Das paranoide Syndrom in anthropologischer Sicht«[28], ausdrücklich aufmerksam, ohne darauf einzugehen, wie sich die »Entmachtung des Willens-Ichs« in den beiden Bereichen, dem organisch bedingten pathologischen »automatisme mental« und dem am auffälligsten im Bereich des hysterischen Formenkreises anzutreffenden »automatisme psychologique« voneinander unterscheiden.

Vergegenwärtigen wir uns noch einmal die eingangs geschilderten Erscheinungen des ›psychischen Automatismus‹: bei vielen, völlig gesunden Menschen kann man mittels der spiritistischen Praktiken ›automatische‹, intelligente Produktionen erzielen, die als ichfremd und der willkürlichen Steuerung unzugänglich erlebt werden. Es äußert sich ein verselbständigtes, ›unterbewußtes‹ Denken. Dabei können gleichzeitig gesteuerte, wachbewußte intelligente Leistungen vollzogen werden. Die verselbständigten, in der Terminologie Janets ›dissoziierten‹ psychischen Bereiche haben eine Tendenz zur Personifikation: sie gebärden sich häufig als fremde Intelligenzen, meist als ›Geister‹. Die ›dissoziierten‹ Bereiche stehen in komplizierten Beziehungen zum Gedächtnis, bzw. zur Reproduktionsfähigkeit: die verselbständigten Systeme verfügen über das Gedächtnismaterial der Gesamtpersönlichkeit, die ihnen zugehörenden psychischen Vorgänge können jedoch vom wachbewußten Ich nicht erinnert werden. Dissoziierte Systeme können in der Trance der Medien zur Herrschaft über die Gesamtpersönlichkeit kommen: das Medium erscheint dann als von einem Geist »besessen«.

Pathologische Besessenheitszustände kommen gar nicht selten als Folge spiritistischer Trancesitzungen vor. Ich zitiere aus dem vorliegenden Bericht eines Ingenieurs: »Da nun auch dunkle Geister in den Sitzungen sich dem Medium im Trance näherten, um ihr Leid zu klagen, mußte ich oft das Medium durch Gegenstriche eiligst zurückrufen. Ich ahnte, daß etwas Schlimmes geschehen würde, besonders da im Jenseits noch kein hinreichender Schutz für das Medium vorhanden war. So geschah es, daß das Medium von einem Unhold überfallen wurde. Fast 8 Tage lang war das Medium, meine Frau, besessen. Die Augen sahen erschreckend aus. Wenn sich das Medium gegen ihn wehren wollte, wurde er grausam. Er versetzte es immer wieder in den Trancezustand, tobte wie ein Wahnsinniger, schlug ihren Kopf auf den Tisch und versuchte immer wieder, mich von dem Medium zu trennen. Fast zur gleichen Zeit war auch Frau W., die von mir in Sitzungen ausgebildet war, besessen. Sie wurde von dem Dämon gezwungen, auf den Knien durch das Zimmer rutschend, für ihn zu beten etc.«

Ein Schüler de Clérambaults, Lévy-Valensi, wandte den Begriff der »Dépossession«, der organisch bedingten Entmachtung des Ich, auf die Besessenheit an und prägte den Satz: »Les possédés sont les plus typiques des dépossédés.« Hier wird deutlich, daß der psychogene Ursprung von Zuständen der Besessenheit völlig verkannt wird. Die Besessenheit und verwandte Phänomene liegen in der

Linie des ›psychischen Automatismus‹, d. h. sie sind eine pathologische Folgeerscheinung von Vorgängen, die auch im Bereich des Normalen vorkommen und als vorübergehende »Ichstörung« beschrieben werden können. Hier setzt H. W. Gruhle an und hält den französischen Autoren entgegen, daß sie die psychogene (›hysterische‹) Ichstörung nicht berücksichtigen. In seiner »Psychologie des Abnormen« versucht er, differentialdiagnostische Kriterien für die schizophrene und hysterische Ichstörung anzugeben. Er unterscheidet nach einem Verhaltensmerkmal: bei der Vergewaltigung des Ich im medialen Zustand (Trance, Begnadung, Besessenheit) sei zwar wie bei den ›gemachten Gedanken‹ der Schizophrenen das Bewußtsein der Souveränität des Ich über sich selbst verändert, aber das Medium empfinde sich als ›Mittler‹: ein fremdes Gesamtgeschehen spiele sich in ihm und an ihm ab, er suche dafür Zuschauer, teile sich mit und weise alle Anzeichen erhaltener, ja gesteigerter Kontaktbereitschaft auf im Gegensatz zu den autistisch verkapselten Schizophrenen. Bei der psychogenen Ichstörung seien gleitende Übergänge von normalen Erscheinungen verminderten Ichgehalts bis zu schweren pathologischen Spaltungszuständen erkennbar. Sie führten von der Entfremdung der Wahrnehmungswelt über das Unbeteiligtsein in der Inspiration über das Doppel-Ich ansteigend bis zur Opferung der Persönlichkeit an den Dämon in der Besessenheit. Nicht erfaßt werden von dieser Beschreibung die automatischen Produktionen bei erhaltenem und tätigem Wachbewußtsein, wo von einer »Vergewaltigung des Ich« keine Rede sein kann.

Bei der schizophrenen Ichstörung bleibe der Betroffene im Gegensatz zum Medium, das Schauspieler ohne oder auch wider Willen ist, doch er selbst. Auch ›gemachte‹ Gedanken fügten sich einem größeren Ganzen ein, nur fehle ihnen das Moment des Ichmäßigen.

In vereinfachter Gegenüberstellung kann man die schizophrene Ichstörung von der hier in Frage stehenden psychogenen etwa folgendermaßen differenzieren: bei der schizophrenen Ichstörung fehlen die von Gruhle erwähnten gleitenden Übergänge. Die Phänomene der »gemachten« oder »abgezogenen« oder »beeinflußten« Gedanken sind Symptome einer Prozeßpsychose. Eine sorgfältige Anamnese vermag oft den »Knick in der Lebenslinie«, den Zeitpunkt des Beginns der prozeßhaften Veränderung der Persönlichkeit aufzudecken. Die schizophrenen »Spaltungserscheinungen« zeigen sich selten in massiven Vorformen bei der prämorbiden Persönlichkeit, auch sind keine Analoga zu den amnestischen Erscheinungen festzustellen, wie sie charakteristisch für das Verhältnis der unterbewußten (›verselbständigten‹) Komplexe zum Wachbewußtsein bei der psychogenen Ichstörung sind. Gerade diese amnestischen Phänomene, die in voller Deutlichkeit bei den hysterischen Mechanismen Janets in Verbindung mit anderen hysterischen Symptomen und Stigmen auftreten, haben es nahegelegt, die hier gemeinte psychogene Ichstörung als »hysterische« zu bezeichnen.

Während die prämorbide Persönlichkeit der Schizophrenen im Sinne der Kretschmer'schen Konstitutionstypologie eher kontaktarm, autistisch, gespannt, wenig suggestibel und kaum nachahmend ist, finden sich bei der ›medial begabten‹ Persönlichkeit gegenteilige Züge: lebhafter, oft übersteigerter Kontakt, emotionale Labilität, Unfestgelegtheit der Persönlichkeitswerte, starke Suggestibilität und Nachahmungsbereitschaft bis zur unbewußten Identifikation, Schwäche des Ichs als Zeichen der mangelnden Festigkeit des Persönlichkeitsgefüges.

Während die schizophrene Ichstörung und die sie charakterisierenden Automatismen als Symptom einer im Kern der Persönlichkeit angreifenden Grundstörung erscheinen, die vermutlich unableitbar ist, kann die psychogene (›hysterische‹) Ichstörung als verständliche, ableitbare, reversible funktionelle Desintegration der Persönlichkeit betrachtet werden. Diese Desintegration zersplittert die Psyche nicht in Stücke, sondern bringt mehr oder weniger unabhängig voneinander handelnde funktionelle Einheiten hervor. Sie ist nicht eine »Abspaltung«, sondern eine funktionelle Verselbständigung von Teilsystemen, die eher das Bild von Schaltungsvorgängen in einem vieldimensionalen Organismus als das einer Spaltung rechtfertigt.

Mit diesem Beitrag konnte nur ein Ausschnitt aus der Fülle der Probleme gegeben werden, welche die Psychologie und Pathologie der spiritistischen Praktiken stellt. Der Erfahrungsbereich der ›psychischen Automatismen‹ ist aus schwer einzusehenden Gründen vorzeitig ad acta gelegt worden. Man sollte sich ihm wieder zuwenden. Die Diskussion über das Unbewußte kann daran ebensowenig vorübergehen wie die Modelle vom ›Aufbau der Persönlichkeit‹ und die Psychopathologie. Die Parapsychologie würdigt ihre Bedeutung als »Steigrohre des Unbewußten« und bedeutsame Vermittler paranormaler Eindrücke. Sie hat sich auch mit der Auffassung ernsthafter Spiritisten auseinanderzusetzen, die den Glauben an eine Verbindung mit der »jenseitigen Welt« zu begründen versuchen.

Ganz besonders gehen diese Praktiken die Psychohygiene an: die abergläubischen Haltungen, die sich auf die mißverstandene Kommunikation mit ›Geistwesen‹ aufbauen, sind weit verbreitet und bergen, wie die Fälle zeigen, in sich den Keim zur psychischen Erkrankung. Aufklärung tut not, doch muß sie der Sache entsprechen und sich, die Erscheinungen kennend und verstehend, in die Erlebniswelt der Geisteradepten einfühlen.

Anmerkungen

[1] Vgl. dazu den Aufsatz »Neue Dimensionen der Psyche« in diesem Band S. 9.

[2] W. H. C. Tenhaeff, Het Spiritisme, s'Gravenhage 1951.

[3] Tenhaeff, a. a. O., S. 117 und Tijdschrift voor Parapsychologie 3 (1932).

[4] W. McDougall, Abnormal Psychology. London 1926; deutsch: Psychopathologie funktioneller Störungen. Leipzig 1931. Ders.: The Energies of Men. London [3]1935; deutsch: Aufbaukräfte der Seele. Stuttgart [2]1947.

[5] C. G. Jung, Zur Psychologie und Pathologie sogenannter okkulter Phänomene. 1902.

[6] J. Jacobi, Komplex-Archetypus-Symbol in der Psychologie C. G. Jungs. Zürich 1957.

[7] H. Bender, Psychische Automatismen. Zur Experimentalpsychologie des Unterbewußten und der außersinnlichen Wahrnehmung. Leipzig 1936.

[8] M. Casaubon, A True and Faithful Story of What Happened Between John Dee and Some Spirits. London 1659.

[9] H. Bender, Experimentelle Visionen. Bericht über die 16. Tagung der Deutschen Gesellschaft für Psychologie. Leipzig 1938.

[10] E. Palmstierna, Horizons of Immortality. London 1937.

[11] T. Flournoy, Des Indes à la Planète Mars. Paris [4]1909; deutsch: Experimentalpsychologie und Spiritismus. Leipzig [2]1921.

[12] K. Bonhoeffer, Inwieweit sind politische, soziale und kulturelle Zustände einer psychopathologischen Betrachtung zugänglich? In: Klin. Wochenschrift 2 (1923).

[13] W. Jakobi, Über die Gefahren okkulter Strömungen in der Gegenwart. In: Deutsche Med. Woch. 51 (1925).

[14] F. Kehrer, Über Spiritismus, Hypnotismus und Seelenstörung, Aberglaube und Wahn. Zugleich ein Beitrag zur Begriffsbestimmung des Hysterischen. In: Arch. f. Psychiatr. Berlin 1922.

[15] C. Jakob und G. Meyer, Über Spiritismus und Psychose. In: Arch. f. Psychiatr. Berlin 72 (1924).

[16] R. Henneberg, Über Spiritismus und Geistesstörung. In: Arch. Psychiatr. 34 (1901); ders., Mediqmistische Psychosen. In: Berl. Klin. Wochenschr. 56 (1919), 37.

[17] F. Winslow, Spiritualistic Madness. London 1874.

[18] P. Duhem, Contribution à l'Etude de la Folie chez les Spirites. Paris 1906. – J. Lévy-Valensi, Spiritisme et Folie. In: Encéphale. Vol. 6, 1910. – Ders. u. H. Ey, Délire Spirite. Ecriture Automatique. In: Ann. Médico-psychol. 89 (1931), 2. – E. B. Leroy u. C. Pottier, Délire Systématisé de Persécution et de Possession Démoniaque Consécutif à des Pratiques Spirites. In: Ann. medico-psychol. 88 (1931), 2.

[19] E. J. Tolsma, The Psychiatric Significance of Spiritualistic (i. e. Spiritistic) Groups. In: Fol. psychiatr. néerl. 57 (1954).

[20] W. Betzendahl, Vorstellung einer Adeptin von Psychographie und Verwandtem. In: Zentralbl. f. d. ges. Neurol. u. Psychiatr. 90 (1938).

[21] C. Jakob u. G. Meyer a. a. O. S. 219.

[22] A. Forel, Durch Spiritismus erkrankt, durch Hypnotismus geheilt. In: Z. f. Hypnotism. 3 (1895) H.8.

[23] M. Lewandowsky, Die Hysterie. In: Handbuch der Neurologie. Bd. 5, 1914.

[24] L. Binswanger, Schizophrenie. Pfullingen 1957.

[25] Binswanger a. a. O., S. 452

[26] J. Berze u. H. W. Gruhle, Psychologie der Schizophrenie. Berlin 1929.

[27] A. Kronfeld, Der Schizophreniebegriff in der französischen Psychiatrie der Gegenwart. In: Allg. Z. f. Psychiatr. 92 (1930).

[28] Das paranoide Syndrom in anthropologischer Sicht. Symposium auf dem 2. Internat. Kongreß für Psychiatrie in Zürich, Sept. 1957. Berlin, Göttingen, Heidelberg 1958.

»Wunderheilungen« im affektiven Feld

Etwa sieben Monate vor seinem Tode – im Dezember 1960 – hatte ich mit C. G. Jung ein Gespräch über außergewöhnliche, in seiner Terminologie »synchronistische« Erscheinungen, das auf Tonband aufgenommen wurde. Es war die Rede von kausal unerklärbaren sinnvollen Koinzidenzen – bedeutungsvollen »Zufällen«, Ahnungen, Wahrträumen, Orakeln – und der psychischen Verfassung, die das »Wunderbare« begünstigt. In diesem Zusammenhang kam Jung auf eine blitzartige Heilung zu sprechen, die er vor einiger Zeit erlebte:

»Ein Landarzt schickte mir ein junges Mädchen, das an einer chronischen Schlaflosigkeit litt und alle erdenklichen Mittel ohne den geringsten Erfolg genommen hatte. Er wollte, daß ich die Patientin hypnotisiere oder psychoanalysiere – und das in einer Stunde! Es war eine sehr liebenswerte Volksschullehrerin, die sich in ihrem Beruf ungemein viel Mühe gab. Ich hatte Mitleid mit ihr und dachte: sie sollte natürlich entspannen – aber wie kriege ich sie dazu? In einem Moment war ich ganz von dem Gedanken gefangen: Was kann ich da tun? Wie könnte man ihr helfen? Da hörte ich die Stimme meiner längst verstorbenen Mutter, die meiner längst verstorbenen Schwester als Kind ein *lullaby* sang – von einem kleinen Mädchen, das in einem kleinen Schiff sitzt und den Rhein hinüberfährt. Und dann sagte ich, ohne weiter nachzudenken: Sehen Sie, beim Segeln kann man sich wunderbar entspannen, wenn man den Wind von hinten hat und man setzt einen Spinnaker und fährt da leise den See hinauf. Das ist Entspannung. Aber – pardon – es ist schon 5 Uhr. Leider kann ich weiter nichts mehr für Sie tun. Adieu!«

Jung hörte nichts mehr von der Patientin. Vier Jahre später traf er auf einem Kongreß den Landarzt, der sie zu ihm geschickt hatte. Dieser sprach ihn auf den Fall an und berichtete: »Sie kam heim und war geheilt, ging ins Bett und schlief wie ein Kind. Es hat seither gehalten.« Dann wollte er wissen, wie Jung das gemacht hatte: »Ich war natürlich betreten und wußte nicht, was ich ihm antworten sollte. Ich konnte doch nicht sagen, ich habe ihr ein *lullaby* gesungen. So gab ich ihm zu verstehen: Ich hätte ihr geraten, sie müsse halt entspannen, und ich hätte versucht, ihr die Entspannung beizubringen, was offenbar gelungen sei. Und dann hat er mich traurig angeschaut, ich sah, er war gekränkt, daß ich ihm dieses Mittel nicht gesagt habe, mit dem man jemanden entspannen kann – in einer Stunde.«

An diesen Bericht schloß Jung seine Erklärung an, auf die ich später zu sprechen komme. Das Problem solcher plötzlichen, unerwarteten Heilungen, von denen der Therapeut gewöhnlich nicht recht weiß, wie sie zustande gekommen sind, ist auch von psychoanalytischer Seite diskutiert worden. In einem erhellenden Artikel »Zur Psychoanalyse einer ›Blitz‹-Heilung«[1] beschreibt Hans Zulliger einen Fall aus seiner Praxis und unternimmt eine tiefenpsychologische Untersuchung der Hintergründe. Obwohl sich gerade die vom Autor eingehend beschriebenen feineren Details für die Analyse der zwischenmenschlichen Beziehungen als wichtig erweisen, muß ich mich hier auf eine knappe Darstellung beschränken:

Unter einem Vorwand wird Zulliger zu einem Fabrikdirektor B. eingeladen, der sich aus bescheidenen Anfängen zu einem angesehenen Geschäftsmann emporgearbeitet hatte. In seiner Familie gilt er als »gutmütiger Tyrann«. Auf Betreiben seiner Frau sollte ihm ein Psychotherapeut vorgestellt werden, der von ihr als letzte Zuflucht für das Sorgenkind Max, den zweiten, 19jährigen Sohn des Ehepaares, gewünscht wurde. Max war Bettnässer. Sein Leiden hemmte sein Fortkommen: er konnte weder wie sein Bruder Offizier werden, noch außerhalb des Hauses eine kaufmännische Lehre beginnen. Alle Behandlungen waren bisher vergeblich. Max mußte nach einem strengen, vom Vater kontrollierten Regime leben. Von Mittag an durfte er keine Flüssigkeiten, Früchte usw. mehr zu sich nehmen. Der Vater verbot ihm auch jeden Fleischgenuß, damit ihn der Durst nicht allzusehr peinige.

Herr B. mißtraute den Psychotherapeuten, willigte aber auf Bitten seiner Frau widerstrebend in einen Behandlungsversuch ein. Nach Klärung der Vorgeschichte ließ sich Zulliger in Gegenwart des Patienten vom Vater telefonisch *plein pouvoir* geben und ordnete dann sofort an, Max möge essen und trinken, was ihm beliebt, weiter solle er vor dem Schlafengehen ein großes Glas Bier trinken und – wie es sein Vater zu tun pflegte (!) – neben dem Bett Brote mit scharfem Fleisch und Käse bereithalten, die er um 1 Uhr essen sollte, wenn er sich von einem Wecker für eine Entleerung habe wecken lassen. Er werde sehen, fügte Zulliger »ruhig und mit aller Autorität« hinzu, daß die Einhaltung dieser und anderer mitgeteilter Vorschriften Erfolg habe. Er schrieb sie für ihn und die Eltern auf.

Von diesem Tage an näßte Max nicht mehr. Die Familie hielt den Kontakt mit Zulliger nicht aufrecht. Erst nach Jahren traf er den mittlerweile als Offizier und Kaufmann arrivierten früheren Patienten zufällig wieder. Er war kaum mehr wiederzuerkennen, so sehr war er aufgeblüht. Er versicherte – was Z. schon von dritter Seite wußte –, daß er niemals rückfällig geworden sei und das von ihm (Z.) vorgeschriebene »Theater mit Bier, Streichbrötchen und Wecker« längst nicht mehr nötig habe.

Seine scharfsinnige Analyse des Falles, die ich mit der Interpretation vergleichen werde, die Jung seiner »Blitz«-Heilung gibt, schließt Zulliger mit dem Bekenntnis:

»Warum ein Mensch, der neunzehn Jahre lang bettnäßt, von einem Tag auf den anderen sauber werden kann und keine Rückfälle mehr zeigt, ist uns zuletzt doch ein Rätsel geblieben. Etwas Unglaubliches ist passiert. War man daran mitbeteiligt, so wie ich bei Max B., ist einem unbehaglich, weil man die Vorgänge, die geschehen sind, wohl ahnend zu erfassen glaubt, aber nicht sicher weiß. So sehr man sich bemüht... die Fäden zu erfassen und sie aus dem vielfach verfilzten Gewebe einzeln herauszugreifen – zuletzt hat man trotzdem das Gefühl: ›Du bist so klug als wie zuvor!‹ Auf die Kardinalfrage: ›*Was* war es, das heilte?‹ ist keine Antwort gegeben.«[2]

Zulliger leitet seinen Artikel mit den Wundern von Lourdes ein und berichtet über die Heilung einer seit ihrem 16. Lebensjahr gelähmten 36jährigen Frau, die er selbst gesehen hat. Er gibt zu, daß er an »*Heilungen durch den Glauben glaube*«, vermutet aber in dem betreffenden Fall psychogene Ursachen, die zum Symptom der Lähmung geführt hatten und wohl auf schwere Schuldgefühle zurückgingen. Mit dieser Erklärung bleibe die rein religiöse Auffassung unbestritten, aber es sei wohl kein »Sakrileg«, wenn der Wissenschaftler sich bemühe, die Dynamik der intrapsychischen Vorgänge zu ergründen, die bei solchen Heilungen »*auf geheiligtem Boden*« beteiligt sind.

Erstaunliche »Blitz«-Heilungen kommen auch bei körperlich bedingten Leiden vor, wobei natürlich im Einzelfall der Anteil einer psychogenen Komponente zu untersuchen ist. Man braucht nicht auf das Geschehen an Wallfahrtsorten zurückzugreifen, sie ereignen sich auch im profanen Bereich. So berichtet Dr. med. Hans Rehder, leitender Arzt der Hamburger Klinik für Magenkranke, in einem Artikel »Wunderheilungen«[3] über ein Experiment, das er im Mai 1953 mit einem und – wie sich zeigen wird – gegen einen sog. »Geistigen Heiler« ausführte. Der Heiler war Dr. rer. pol. Kurt Trampler, München-Gräfelfing, dessen Tätigkeit und Erfolge zwei Jahre später in Zusammenarbeit mit Hans Sarre, Direktor der Freiburger Medizinischen Universitäts-Poliklinik, in meinem Institut untersucht worden sind.[4]

In der Klinik von Dr. Rehder wurden im Frühjahr 1953 drei bis dahin unheilbare Patientinnen behandelt:

Frau Anna H., 61 Jahre, litt seit zwei Jahren an schweren Gallensteinkoliken und chronischer Gallenblasenentzündung. Sie hatte unentwegt Schmerzen. Eine konservative Behandlung war erfolglos; man erwog eine Operation.

Frau Margarete D., 66 Jahre, war sieben Monate vor ihrer Einweisung in die Klinik wegen einer Vereiterung der Bauchspeicheldrüse operiert worden. Sie war völlig obstipiert und litt zeitweise an einem schweren Meteorismus. »Zum Skelett abgemagert (sie wog nur noch 34 kg), von ständigen Leibschmerzen geplagt, wurden ihr Tage und Nächte zur Qual.« Trotz ungezählter Heilbemühungen schien sie sieben Monate nach der Operation so krank wie zuvor. Sie war völlig verzweifelt, denn sie hing noch am Leben.

Frau Olga Schm., 58 Jahre, litt an einem inoperablen, weit fortgeschrittenen Gebärmutterkrebs mit allgemeiner Bauchfellkarzinose. Bauch und Beine waren durch Stauungen von »Wasser« unförmig geschwollen. Sie war blutarm geworden (Hämoglobin von 76 % auf 62 %, Erythrozyten von 3,5 auf 2,93 Mill.), ihre Blutsenkung betrug 52/93. Trotz aller Bemühungen schritt die Krankheit unaufhaltsam fort. »14 Tage sahen wir die Qual schon an« – schließt Dr. R. seinen Krankenbericht.

Zu dieser Zeit besuchte Rehder den »Geistigen Heiler« in München-Gräfelfing. Er äußerte sich nicht über seine Motive, sagte aber, das Treffen habe stattgefunden, »während nun meine Klinik um Leben und Gesundheit dieser drei Kranken rang«. Herr Trampler ließ ihn an Heilsitzungen teilnehmen und diskutierte bis in die Nächte herein mit ihm über die Problematik seines Tuns. Er erklärte, daß seine »geistig-energetische« Heilmethode davon ausgehe, daß »Krankheit eine Störung im Kontakt des Menschen mit den höheren Lebenszusammenhängen« sei, und daß er als »Katalysator« versuche, durch eine Umschaltung des Bewußtseins die verlorene Rückverbindung zum »Urgrund des Lebens« wieder zu erleichtern. Das geschehe durch die Sammlung unserer Gedanken auf Gott als die planbeseelte Kraft, die ein Dasein in Vollkommenheit und Gesundheit wolle. Weiter erklärte er, daß die »geistige Empfangsschaltung« seiner Patienten nicht immer an seine Gegenwart gebunden sei, sie sei auch auf die Ferne möglich.[5]

Rehder verabredete »Fernsendungen« zu bestimmten Zeiten für seine drei Patientinnen und bewahrte über diese Vereinbarung völliges Stillschweigen. Es geschah nichts. Auch eine Wiederholung blieb »ohne erkennbare Wirkung«. »Leider« – schreibt Rehder und überläßt es dem Leser zu beurteilen, ob er ernsthaft enttäuscht war oder ironisch sein Bedauern ausdrückt. Man darf wohl annehmen, daß seine Einstellung ambivalent war, sonst würde er wohl nicht mit den Worten anknüpfen: »Angesichts des bejammernswerten Dahinsiechens der drei Kranken entschloß ich mich nach weiteren acht Tagen zu einem Gegenexperiment.« Er erzählte den Patientinnen, was er von der Heilung durch den Geist, von geistiger Sendung und Heilempfang gehört hatte, gab ihnen ein Buch von Trampler zu lesen[6] und berichtete von den Wunderheilungen in Lourdes. Nach dieser »Vorbereitung im Glauben« teilte er jeder Patientin einzeln mit, daß sie durch eine »Fernsendung« zu fiktiven Zeiten geheilt werden sollten. Der bekannte Heiler in München-Gräfelfing scheint ihn noch sehr zu beschäftigen, denn er fügt ausdrücklich hinzu, zu den fiktiven Zeiten pflege Trampler nicht zu senden, auch habe er ihn keineswegs von seinem Experiment verständigt.

Nun geschah das Unglaubliche – blitzartig besserte sich das Befinden der Schwerkranken: die gallenkranke Frau H. war von Stund an schmerzfrei, die Temperatur wurde fast normal, sie stand auf, machte Spaziergänge und konnte nach 14 Tagen aus der Behandlung entlassen werden. Ein Jahr später wurde sie allerdings operiert, und man entfernte mit der Gallenblase 52 Steine. Frau D. wurde von ihrem qualvollen Zustand beinahe schlagartig befreit: sie stand sofort auf, am Tage darauf war die Obstipation behoben, ebenso war der Meteorismus verschwunden. Es stellte sich großer Appetit ein. Das Körpergewicht stieg in kurzer Zeit um 30 Pfund. Frau D. konnte bald als voll arbeitsfähig entlassen werden. Die »Wunderheilung« erwies sich als dauerhaft. Die an Krebs leidende Patientin Frau Olga Schm. verlor ihre Bein- und Bauchwassersucht in einigen Tagen durch Ausscheiden von neun Liter Harn. Ihr Appetit kehrte wieder. Ihr Hämoglobin stieg in 10 Tagen von 62 % auf 73 %, die Blutsenkung wurde normal, ihr Aussehen glich fast einer Gesunden. Auf ihr Drängen wurde sie mit unverändertem gynäkologischen Befund nach fünf Wochen nach Hause entlassen. Sie war nahezu beschwerdefrei, fühlte sich geheilt, starb aber nach dreieinhalb Monaten an ihrem Krebsleiden.

Vor der Diskussion dieser Fälle von »Blitzheilungen« ist zunächst zu fragen, ob sie vergleichbar sind. Zwei davon geschehen im psychotherapeutischen Vollzug und betreffen seelisch bedingte Störungen: Schlaflosigkeit und Bettnässen, die andern vollziehen sich in der komplexen Situation eines »Gegenexperiments« in der Absicht, körperlich Schwerkranken zu helfen. Die Dokumentation ist verschieden: Jung erzählt seinen Fall anekdotisch in einem Gespräch, Zulliger macht ihn zum Gegenstand einer eingehenden tiefenpsychologischen Untersuchung, in der er die Kasuistik mit allen Details darstellt, Rehder präsentiert seine »Blitzheilungen« als Aufklärung gegen die Ansprüche professioneller »Wunderheiler«. Auch die Voraussetzungen, unter denen die Heiler wirkten, sind verschieden: Jung geht aus Gefälligkeit auf das Ansinnen eines unerfahrenen Landarztes ein, der offenbar von einer einstündigen Behandlung durch den berühmten Psychotherapeuten ein »Wunder« erwartete, und hat gewiß keine Zeit zu einer eingehenden Anamnese; Zulliger übernimmt einen Fall gegen das Mißtrauen eines Vaters, der den Patienten beherrscht, und informiert sich genau über Vorgeschichte und Familiensituation; Rehder sucht angesichts der Erfolglosigkeit der Heilbemühungen in seiner Klinik mit einer ambivalenten Einstellung Rat und Hilfe bei einem »Geistigen Heiler«, den er dann entthront. Situation und Einstellung der Patienten sind in allen Fällen die gleichen: sie befinden sich in einer extremen Notlage, vielfache ärztliche Bemühungen, ihnen zu helfen, waren erfolglos, ihr Leiden bedroht die Existenz, sie suchen Hilfe. Über ihre Erwartungsvorstellungen lassen sich in den beiden psychotherapeutischen Fällen nur Vermutungen anstellen: die Volksschullehrerin wird, induziert von dem überweisenden Arzt, in Jung den großen Medizinmann gesehen haben, der Fabrikantensohn in Zulliger den »Verbündeten« gegen den Vater. Nur bei den Rehderschen Patientinnen weiß man genau Bescheid: Im Zuge des »Gegenexperimentes« wurden sie von dem eigentlichen »Suggestor« auf den Nimbus eines »fernheilenden« Wundertäters absichtlich vorbereitet, mit seinen Lehren vertraut gemacht und überdies über die Wirkung der Fürbitte in den Mirakeln von Lourdes unterrichtet. Hier ging den »Blitzheilungen« also eine »Vorbereitung im Glauben« voraus[7].

Ein wesentliches gemeinsames Merkmal der hier in Frage stehenden »Blitzheilungen« ist nun folgendes: In allen Fällen bestand zwischen Heiler und Patient eine starke affektive Resonanz, die bei den Heilern in einem Gefühl der *compassio*, des Mitleids, zum Ausdruck kam. Jung sagt *expressis verbis*: »Ich hatte Mitleid mit ihr und dachte: sie sollte natürlich entspannen – aber wie kriege ich sie dazu?« Zulliger schreibt von seinem Patienten: »Er dauerte mich, als ich sah, in welchem Elend er steckte«, und Rehder entschließt sich »angesichts des bejammernswerten Dahinsiechens der drei Kranken« zu seinem Gegenexperiment, das er vor seinem ärztlichen Standesbewußtsein als Aufklärungsmaßnahme darstellt. Doch ist die *compassio* nur ein Grundton in der zwischenmenschlichen Beziehung dieser Heiler und ihrer Patienten. Eine Reihe je verschiedener anderer Dominanten bestimmt das »affektive Feld«, in dem sich das überraschende Geschehen vollzieht. Mit dem Begriff »affektives Feld« bezeichne ich die Gesamtheit der in der Kontaktsituation wirkenden affektiven Kräfte, die im Verhältnis einer rückbezogenen Wechselwirkung, der Reziprozität, stehen.

An Hand der Interpretationen, die die Heiler selbst geben, werde ich versuchen, diese »affektiven Felder« zu analysieren, in denen die »Suggestionen« gegeben wurden und sich in einer so unglaublichen Weise verwirklichten. Ich beginne mit Rehders Interpretation seiner

»Blitzheilungen«. Diese Ansicht eines Internisten, von dem keine tiefenpsychologische Analyse erwartet werden kann, wird helfen, die Position zu verdeutlichen: Für Rehder sind die Heilvorgänge »das Ergebnis sorgfältig vorbereiteter Einreden, die, glaubwürdig scheinend, gläubig aufgenommen wurden. Die Not des langen Krankseins vermindert die Kritikfähigkeit der Patienten. Bloße Denkmöglichkeiten werden von ihnen als Einreden gläubig angenommen und wirken um so stärker, je mehr sie wider alle Vernunft sind. Nicht der Heiler heilt; der Kranke wird nicht geheilt, sondern er heilt sich selbst durch seinen Glauben, solange er ihn hat und ganz gleich woran.« Der Heiler selbst ist also in dieser Sicht eine *quantité négligeable*. In verständlicher Sorge vor den Gefahren einer verantwortungslos ausgeübten »geistigen Heilung« stellt er fest: »Der fanatisierte ›Heiler‹, betrogen von seiner eigenen Einrede, wirkt eine Zeitlang um so stärker, je unkritischer er sich von seinen Patienten die Heilkraft rückeinreden läßt. Er hüte sich vor der Rückeinrede, der Heilerfolg sei ein Beweis für die Heilkraft des Mittlers oder seiner Mittel.« Schließlich wird das Verfahren der »Glaubensheilung« von Rehder beruhigend medizinisch institutionalisiert: »Die Einrede ist eine Operation, die höchstes diagnostisches und therapeutisches Können erfordert und nur nach individueller Indikation statthaft ist.«

Rehder hat über keine weiteren »Blitzheilungen« berichtet. Man darf wohl annehmen, daß die »individuelle Indikation« mehr als einmal in seiner Klinik gegeben war. Es wird ihm nicht mehr gelungen sein — »Wunderheilungen« sind unvorhersehbare Spontanphänomene und nicht Erfolge einer kunstgerechten Therapie. Es gibt unzählige verzweifelte Kranke, deren Glaube geweckt werden will, bei denen sich vielleicht, »im gewaltigen Affekt sich aufschwingend, die ekstatische Kraft ergibt, die Berge versetzen kann« — wie Rehder aus der numinosen Seite seines Wesens formuliert — es fragt sich nur, wie sie ausgelöst wird. Noch so geschickte Routine-Suggestionen vermögen es nicht. Offenbar ist ein besonderes »affektives Feld«, eine spezifische doppelseitige Resonanz erforderlich, damit einmal eine Heilsuggestion eine außergewöhnliche Wirkung hat. Nicht nur der »Glaube« des Patienten, sondern auch der »Glaube« des Heilers ist im Spiel — eine Wechselbeziehung, die als Übertragung und

Gegenübertragung ein Zentralproblem der analytischen Situation ist. Freud charakterisierte den affektiven Kontakt zwischen Arzt und Patient als eine Auseinandersetzung der beiden Unbewußten.

Rehder hat sich offenbar mit dem »Geistigen Heiler« identifiziert, dessen Hilfe er in einer ambivalenten Einstellung – skeptische Erwartung zum Wohle seiner Patientinnen und standesentsprechende Ablehnung – in Anspruch genommen hat. Er war fasziniert vom Magischen und Numinosen – eine seelische Verfassung, die sich besonders stark auswirkte, da sie im Widerspruch zu seiner aufklärerischen Haltung stand. Hinzu kam der Wunsch, den Laienbehandler zu entthronen, dessen Wirken er für gefährlich hielt, und selbst als »Super-Medizinmann« zu wirken: als Facharzt und magischer Heiler in einer Person, zugleich mit der Möglichkeit, bei einem Gelingen des Gegenexperimentes als beispielhafter Aufklärer zu wirken. Sein lebhafter Wunsch, den Patientinnen zu helfen, wurde also durch mächtige affektive Kräfte unterstützt. Man geht wohl nicht fehl, wenn man in der Einstellung Rehders einen Konflikt sieht. Wie R. Heiß in seiner »Allgemeinen Tiefenpsychologie«[8] darlegt, führt die komplexe und in sich gegensätzliche Antriebsgestalt des Konflikts zu einer Häufung von Verdrängungsenergie und damit zu einer Steigerung der Affektspannung. Eine offenbar verdrängte Beziehung zum »Magischen«, vielleicht auch zum Religiösen, brach in dem Rehderschen Gegenexperiment durch. Die aus vielen Antrieben gespeiste Libido-Spannung ließ ihn zur »Mana-Persönlichkeit« werden, zum numinosen Heilbringer, der im Widerstreit zu der ärztlichen Person stand.

Sieht man mit E. Bleuler und B. Stokvis[9] die Suggestion als »affektive Resonanz«, so wird plausibel, daß im Kontakt zwischen Arzt und Patient die Affektstärke des Behandelnden ebenfalls affektstarke Vorgänge im Behandelten auslöst, die wiederum zurückwirken – eine dynamische Wechselbeziehung, die in einem ersten Schritt das so verschiedenartige Wirken von Suggestionen verständlich macht. Die Intensität der wechselseitigen Ergriffenheit ist lediglich der energetische Anteil der hier untersuchten außergewöhnlichen Heilvorgänge. Das jeweils besondere Gefüge der zwischenmenschlichen Beziehung mit ihren bewußten und vor allem unbewußten Aspekten bedarf einer inhaltlichen tiefenpsychologischen Analyse. Diese konnte in den von Rehder beschriebenen Fällen nur als Auslegung seines Berichtes versucht werden, der m. E. genügend Hinweise für die unbewußte Einstellung des Heilers gab.

In dem nun folgenden Fall des Bettnässers unternimmt der Heiler selbst die Psychoanalyse der »Blitz«-Heilung. Zulliger sieht in der spontanen Identifizierung zwischen sich und dem Patienten Max die wesentliche Bedingung für den außergewöhnlichen Heilerfolg. Diese wechselseitige Identifikation machte es ihm nämlich möglich, durch ein unbewußtes Nacherleben die Lage seines Patienten intuitiv zu erfassen. Arzt und Patient verstanden sich unbewußt, und so konnte Zulliger dem jungen Mann eine seiner Situation und ihren Hintergründen angemessene Suggestion geben, »die einem kleinen Stoß gleichkommt, der im Patienten das Bereitliegende in Bewegung setzt«. Der Patient – erklärt Zulliger – mußte gegen den Vater revoltieren, den Tyrannen gleichsam stürzen, seine Aggressionen nach außen hin aktivieren und am Vorbild einer anderen Autoritätsperson sein Über-Ich »normalisieren«. Dann konnte er das Symptom Bettnässen aufgeben. Was blitzartig von Zulliger intuitiv erkannt wurde, wird in seinem Bericht mit Modellvorstellungen der Psychoanalyse begründet: Störungen in den verschiedenen Stufen der Libidoentwicklung, vor allem in der phallischen Phase, »weil während ihres Verlaufes die Abwicklung eines normalen Ödipuskonfliktes nicht stattfinden konnte: der Vater ›stellte‹ sich dem Sohn nicht«[10]. Die Suggestionen berücksichtigten diese Verhältnisse, indem sie Maßnahmen vorsahen, die für Max den tyrannischen Vater entwerteten, und weitere, welche die auf den Vater projizierten oralen Versagungen, das Entwöhnungstrauma, aufhoben.

Zulliger stellte die in unserem Zusammenhang wichtigste Frage: Wie kam es zu dieser sofortigen Identifikation des Therapeuten mit dem Patienten? Wie kam dieser affektive Kontakt zustande, der das unbewußte Einverständnis, die intuitive Diagnose und die gezielten Suggestionen ermöglichte? Die Antwort gibt er als »persönliche Preisgabe«: im Gegensatz zu Rehder erkennt er seine Rolle im affektiven Feld – er hat sich über den Fabrikdirektor geärgert, es hat ihn gereizt, daß es diesem »Händler« gelungen war, mit ihm wie mit einer Marionette umzugehen, ihn zu manipulieren, wie er es mit seinen Familienangehörigen, insbesondere mit Max, zu tun gewohnt war. Dieser Affekt, verbunden mit dem Mitleid, das er für Max empfand, führte zur Identifikation und bewirkte, daß Zulliger später »mit etlicher Wonne den Herrn B. am Telefon kommandierte«.

Wie bei Rehder eine intensive affektive Spannung durch den Wunsch entstand, den geistigen Heiler zu entthronen, so entstand sie hier durch den Wunsch nach Entmachtung des Vaters. Offenbar konstellierte die Situation bei Zulliger einen archaischen Affekt, den »infantilen Vaterkomplex«, über dessen »mächtigen unbewußten Beitrag von Feindseligkeit« Freud in »Totem und Tabu« geschrieben hat. Wer denkt dabei nicht an den Mythos von der Urhorde: »Eines Tages taten sich die ausgetriebenen Brüder zusammen, erschlugen und verzehrten den Vater und machten so der Vaterhorde ein Ende. Vereint wagten sie und brachten zustande, was dem einzelnen unmöglich geblieben wäre.«[11] Dieser Vorgang soll nach Freud »unvertilgbare Spuren in der Geschichte der Menschheit hinterlassen haben« und als Gefühlserbschaft weiter wirksam sein. »Ohne die Annahme einer Massenpsyche, einer Kontinuität im Gefühlsleben der Menschen, welche gestattet, sich über die Unterbrechungen der seelischen Akte durch das Vergehen der Individuen hinwegzusetzen, kann die Völkerpsychologie überhaupt nicht bestehen«, schreibt Freud[12] und nimmt damit die Konzeption eines »kollektiven Unbewußten« vorweg, die Jung später formulierte. Sollte das Zusammentreffen von persönlichen und archaischen Gehalten in der gegen den Vater gerichteten affektiven Reaktion der Suggestion die besondere Wirkungsmächtigkeit verliehen haben? Sollte die Affektlegierung in der Identifikation, die Legierung persönlicher und archaischer Gehalte beim Behandelnden und beim Behandelten, das Außergewöhnliche begünstigt haben? Auf diese Fragen, zu denen Freud konsequent hinführt, geht Zulliger nicht ein.

Genau an diesem Punkt setzt die Interpretation ein, die C. G. Jung seinem Fall einer »Wunderheilung« gibt. In der lockeren Form des Gesprächs, nur andeutend, sagt er:

»Die Patientin befand sich in einer Notlage. Ich war vom Mitleid betroffen. Das Gefühl, sie lebt da alleine auf dem Dorf, ist furchtbar isoliert und wälzt sich in Schlaflosigkeit, hat mich wie ein Pfeil getroffen: Ich fühlte mich unterlegen. Ich sagte mir, wie hilflos sind wir doch, was können wir denn schon in einem solchen Fall machen. Diese Unterlegenheit löste einen *excessus affectus* aus, und dieser bewirkte eine Senkung der Bewußtseinsspannung, ein *abaissement du niveau mental*. Das *abaissement* seinerseits hat dann den Automatismus ermöglicht, daß die Mutter sang und der Zauber des *lullaby* wieder lebendig wurde. Durch die *compassio* bin ich in eine Verbindung mit der Patientin gekommen: Ich war betroffen, sie war betroffen, und so wurde sie geheilt. Das sind einmalige, nicht beliebig wiederholbare Erfahrungen.«

Jung hat in seiner Erklärung das Stichwort, das nun weiterführt, nicht genannt, da er es voraussetzte: Die Konstellierung eines »Archetypus« in der Arzt-Patient-Situation. Gleich wie bei Zulliger die Aktivierung eines »infantilen Vaterkomplexes« eine Anhäufung von Libido im Unbewußten erzeugte, die zusammen mit der *compassio* zur Identifikation mit dem Patienten führte, sieht Jung in seinem Fall einen »infantilen Mutterkomplex« konstelliert, der durch Mitleid und Unterlegenheitsgefühl ausgelöst wurde. In seiner Sprache: Der Archetypus der Mutter wurde in seinen persönlichen und archaischen Gehalten wirksam und rief durch seine erhöhte energetische Ladung bzw. numinose Wirkung jene verstärkte Emotionalität hervor, die ihn, den Heiler, in ein teilweises *abaissement du niveau mental* versetzte. Der unbewußte Wunsch, daß ein Äquivalent jener »Mutterliebe, welche zu den rührendsten und unvergeßlichsten Erinnerungen des erwachsenen Alters gehört und die geheime Wurzel alles Werdens und aller...Wandlung bedeutet«[13], der Patientin helfen möge, wurde mit dem ganzen Zauber kindlicher Erlebnisse lebendig. Als Signal gleichsam hörte Jung halluzinatorisch ein Wiegenlied, das seine Mutter seiner Schwester zu singen pflegte. In der unbewußten Verständigung, im wechselseitigen Betroffensein wurde Jungs Wunsch, die Patientin wie eine Mutter in den Schlaf zu wiegen und sie so von ihrem Leiden zu heilen, wirksam. Die außergewöhnliche Wirksamkeit, das »Wunder« der Blitzheilung erklärt Jung nun nicht in Begriffen einer »affektiv zündenden Suggestion«, sondern im Rahmen von Vorstellungen, auf die er — »gleichsam als letzte Frucht seiner Forschungen«, wie Jolande Jacobi sagt[14] — in seinen Studien über die «Synchronizität als ein Prinzip akausaler Zusammenhänge«[15] hingewiesen hat. Es geht, kurz gesagt, um folgendes: In einer archetypisch bedingten verstärkten Emotionalität, in einem *excessus affectus* – wie Jung mit Albertus Magnus sagt – kann der Erlebende in eine magische Ordnung der Welt eintreten, in der sich wie in den Vorstellungen Animismus oder der »primitiven Mentalität« sinnvolle Entsprechungen ereignen, Natur und Psyche sich als aufeinander abgestimmt erweisen und geradezu Wünsche Wirklichkeit werden. Das affektive Feld erhält neue Qualitäten, die unabhängig von den raum-zeitlichen Dimensionen sind. Was sich in diesem Feld ereignet, ist der Kausalität nicht unterworfen. Solche »synchronistischen« Phänomene sind in der Auffassung von Jung die außergewöhnlichen Erscheinungen, wie sie die Parapsychologie etwa in Form von »Wahrträumen« oder anderen telepathischen oder hellseherischen Erfahrungen untersucht, weiter die »sinnvollen Zufälle«, die Wilhelm von Scholz als »Anziehungskraft des Bezüglichen« kennzeichnete, schließlich auch Orakel und sog. »Wunder«. Solche durch die Erfahrung vielfach gesicherten Phänomene faßt Jung als Koinzidenzen zweier oder mehrerer nicht kausal aufeinander beziehbarer Ereignisse gleichen oder ähnlichen Sinngehalts auf. Synchronizität – ein die Kausalität ergänzendes Prinzip – bezeichnet eine hin und wieder erscheinende akausale Gleichsinnigkeit in Natur und Psyche. »Die Mehrzahl der synchronistischen Phänomene« – schreibt Jung in einem Brief zur Frage der Synchronizität[16] – »ereignen sich ... in archetypischen Situationen, wie z. B. im Zusammenhang mit Wagnis, Gefahr, verhängnisvollen Entwicklungen usw.« Und an späterer Stelle: »Die Situation stellt z. B. eine Krankheit oder Lebensgefahr dar. Das Bewußtsein empfindet eine derartige Lage als überwältigend insofern, als es nicht weiß, wie man ihr wirksam begegnen kann. Auch Leute, die sich selber keines besonderen religiösen Glaubens rühmen können, sehen sich in solcher Bedrängnis zu einem von der Angst erpreßten Stoßgebet veranlaßt, d. h. der Archetypus eines ›hilfreichen göttlichen Wesens‹ ist durch die menschliche Unterlegenheit konstelliert und greift gegebenenfalls mit einem unerwarteten Kraftzufluß oder mit einem ungeahnten rettenden Impuls ein, welcher der Bedrohung im letzten Moment eine als wunderbar empfundene Wendung gibt.« Diese Vorgänge sind nun keine lediglich intrapsychischen, sondern »die Ubiquität des Archetypus bringt es naturgemäß mit sich, daß er sich nicht nur im unmittelbar betroffenen Individuum, sondern auch in einem anderen oder mehreren zugleich manifestieren kann, z. B. in Form paralleler Träume.« (S. 6) Die Archetypen sind in dieser Konzeption anordnende Operatoren, in deren – Psyche und Natur umgreifenden – Feld »Wunderbares« geschieht, nämlich gleichsinnige Entsprechungen, die rational unverständlich sind, da sie außerhalb der raumzeitlichen Dimensionen geschehen.

Das synchronistische Geschehensmodell scheint sich mir vor allem bei den »sinnvollen Zufällen«, die häufig erlebt werden, als plausible Hypothese zu erweisen. Zur Verdeutlichung konstruiere ich nach diesem Modell eine als »wunderbar empfundene Wendung« in einem Krankheitsfall. Nehmen wir an, eine schwere Schlafstörung gehe auf einen Schuldkomplex zurück, der mit dem fahrlässigen Verlust eines für die Existenz eines anderen Menschen wichtigen Dokumentes zu tun hat. Durch die Begegnung mit einem »Heiler« gerate der Patient in eine archetypische Kondition, in die Erwartungsspannung einer Wendung. In seiner Wohnung breche kurz darauf ein altes Bücherregal zusammen, und aus einem aufspringenden Buch falle das Dokument: die Schuld kann wieder gutgemacht werden, und es kommt zur »Blitzheilung«. Es werden zahlreiche *patterns* dieser Art berichtet, die der Nachprüfung standhalten. Ihre Häufung und spezifische Struktur läßt sie als »sinnvolle Koinzidenzen« erscheinen. Skeptiker sehen darin natürlich einen »blinden« Zufall. Es kam mir darauf an, mit diesem absichtlich überpointierten Beispiel zu zeigen, was Jung unter einem »synchronistischen affektiven Feld« versteht. Entsprechend seinen oben wiedergegebenen Ausführungen wurde eine »wunderbare Wendung« konstruiert. Nun spricht er aber auch davon, daß gegebenenfalls der Archetypus mit einem »unerwarteten Kraftzufluß« eingreift. Das scheint mir die für seinen Fall geeignete Modellvorstellung zu sein: Wie im Heiler selbst wurde in der Patientin auf irgendeinem Wege, der als »Affektresonanz« umschrieben werden kann, der Mutter-Archetypus konstelliert. Jung scheint auch darin einen synchronistischen Vorgang zu sehen, doch ist er in dem Gespräch nicht näher darauf eingegangen.

Als »synchronistisch« bezeichnet Jung auch, was in der Parapsychologie als »außersinnliche Erfahrung«, als Telepathie, Hellsehen und Präkognition verstanden wird. Für ihn liegt das Außergewöhnliche dieser Erscheinungen im Ereignis selbst und nicht in einer parapsychischen Fähigkeit. Diese Auffassung scheint für manche Phänomene einleuchtend, für andere nicht. Im besonderen ist es schwer möglich, gezielte telepathische Beeinflussungen, wie etwa die mentalsuggestive Herbeiführung der Hypnose über größere Entfernungen in den alten Versuchen von Pierre Janet oder den neuen von Wassiliew im Institut zur Erforschung der Telepathie an der Universität Leningrad, synchronistisch aufzufassen. Ich erwähne die Telepathie, da mit der Möglichkeit gerechnet werden muß, daß dieser unerklärliche »direkte Wirkungsweg zwischen Psyche und Psyche« – wie Hellpach in seiner »Sozialpsychologie« sagt – beim unbewußten Verstehen im affektiven Kontakt hin und wieder beteiligt ist und als Kommunikationsmittel zur sprachlichen Kundgabe und zur Ordnung der Ausdruckssphäre hinzukommt. Jedenfalls ist die »emotionale Ergriffenheit«, die bei den behandelten »Blitzheilungen« ein hervorstechendes Merkmal des affektiven Feldes ist, eine den telepathischen Kontakt erfahrungsgemäß fördernde Kondition.

Spontane telepathische Kontakte, wie sie – Freuds Anregung folgend – von mehreren Autoren in der analytischen Situation beschrieben und in unzähligen Spontanphänomenen berichtet werden, zeigen alle Merkmale einer Identifikation, die sich in einem »unraumhaften Seelenfeld«[17] vollzieht. Telepathie könnte bei den Identifikationsvorgängen der »Wunderheilungen« eine Rolle spielen. Mehr als eine Denkmöglichkeit läßt sich für diese Fälle nicht angeben. Dagegen fanden sich bei einer von Mitarbeitern meines Instituts vorgenommenen Nachuntersuchung einer Padre Pio zugeschriebenen »Wunderheilung« deutliche Hinweise auf einen telepathischen Rapport, als der durch »Anruf« des in Italien weithin bekannten wundertätigen Mönches Geheilte sich diesem im Kloster San Giovanni Rotondo vorstellte[18].

Freud äußert sich zu dem telepathischen Wirkungsweg in der XXX. Vorlesung »Traum und Okkultismus«[19]: »Man wird auf die Vermutung geführt, daß dies der ursprüngliche, archaische Weg der Verständigung unter den Einzelwesen ist, der im Lauf der phylogenetischen Entwicklung durch die bessere Methode der Mitteilung mit Hilfe von Zeichen zurückgedrängt wird, die man mit den Sinnesorganen aufnimmt. Aber die ältere Methode könnte im Hintergrund erhalten bleiben und sich unter gewissen Bedingungen noch durchsetzen, z. B. auch in leidenschaftlich erregten Massen.« Dieses Bekenntnis zu einem umstrittenen Phänomen, das von dem größten Teil seiner Schüler abgelehnt wurde und noch heute geflissentlich übersehen wird, war offenbar die Frucht der weisen Haltung, die Freud in derselben Vorlesung bescheiden in die Worte faßte: »Wenn man sich für einen Skeptiker hält, tut man gut daran, gelegentlich auch an seiner Skepsis zu zweifeln.«

Anmerkungen

[1] H. Zulliger, Zur Psychoanalyse einer »Blitz«-Heilung. In: Psyche Bd. 10, S. 236–256.

[2] Zulliger, a. a. O., S. 256.

[3] H. Rehder, Wunderheilungen. In: Hippokrates 26 (1955), S. 577–580.

[4] I. Strauch, Zur Frage der »geistigen Heilung«. Bericht über eine medizinisch-psychologische Untersuchung. I u. II. In: Z. f. Parapsychol. u. Grenzgeb. d. Psychol. 2 (1958), S. 41–64 und 4 (1960), S. 24–55.

[5] Die meisten »Geistigen Heiler« erheben den Allmachtsanspruch, Patienten mit oder sogar ohne deren Wissen auf die Ferne heilen zu können. Der englische Heiler Edwards »behandelte« im Laufe von sieben Jahren angeblich zwei Millionen Menschen in Abwesenheit. Viele Heiler haben täglich festgelegte Zeiten, in denen sie sich auf ihre Patienten »einstellen«.

[6] K. Trampler, Lebenserneuerung durch den Geist. München [4]1956.

[7] Die Ergebnisse der Freiburger Untersuchung an Trampler-Patienten wiesen darauf hin, daß die in etwa 60 Prozent der 650 Fälle beobachtete längerdauernde oder vorübergehende subjektive Besserung in erster Linie von der psychischen Einstellung des Kranken, von seinen Erwartungsvorstellungen und seinen Reaktionsbereitschaften abhängt. Vgl. I. Strauch, a. a. O. II, S. 33 ff.

[8] R. Heiss, Allgemeine Tiefenpsychologie. Bern und Stuttgart, 1956, S. 275.

[9] B. Stokvis und M. Pflanz, Suggestion. Basel 1961, S. 22 ff.

[10] Zulliger, a. a. O., S. 252.

[11] S. Freud, Totem und Tabu. Ges. Werke Bd. 9, S. 171.

[12] Freuds Einschätzung der phylogenetischen Erbschaft ging soweit, daß er annahm, »daß die archaische Erbschaft des Menschen nicht nur Dipositionen, sondern auch Inhalte umfaßt, Erinnerungsspuren an das Erleben früherer Generationen«. Vgl. Ges. Werke, Bd 16, S. 206.

[13] C. G. Jung, Von den Wurzeln des Bewußtseins. Zürich 1954, S. 111.

[14] J. Jacobi, Die Psychologie von C. G. Jung. Zürich und Stuttgart [4]1959, S. 70.

[15] C. G. Jung und W. Pauli, Naturerklärung und Psyche. Zürich 1952.

[16] C. G. Jung, Ein Brief zur Frage der Synchronizität. In: Z. f. Parapsychol. u. Grenzgeb. d. Psychol. 5 (1961), S. 1–8.

[17] H. Driesch, Parapsychologie. Die Wissenschaft von den »okkulten« Erscheinungen. Zürich [3]1952, S. 103.

[18] H. Bender, Glaubensheilung und Parapsychologie. In: Magie und Wunder in der Heilkunde. Stuttgart 1959.

[19] S. Freud, Neue Folge der Vorlesungen zur Einführung in die Psychoanalyse. Ges. Werke Bd. 15, S. 59 f.

Bibliographischer Nachweis

Neue Dimensionen der Psyche. In: Konstanzer Blätter für Hochschulfragen. 9 (1971), Heft 33, S. 60–78.

Hans Berger und die energetische Theorie der Telepathie. In: Z. f. Parapsychol. u. Grenzgeb. d. Psychol. 6 (1963), S. 182–190.

Parapsychologie und Spiritismus. In: Z. f. Parapsychol. u. Grenzgeb. d. Psychol. 12 (1970), S. 1–18 (die vorliegende Fassung wurde erweitert).

Mediumistische Psychosen. Ein Beitrag zur Pathologie spiritistischer Praktiken. In: Z. f. Parapsychol. u. Grenzgeb. d. Psychol. 2 (1958/59), S. 173–200.

»Wunderheilungen« im affektiven Feld. In: H. Hiltmann und F. Vonessen (Hrsg.), Dialektik und Dynamik der Person. Köln 1963 (mit freundlicher Genehmigung des Verlages Kiepenheuer & Witsch).

Hans Bender

geboren 1907, studierte Psychologie und Romanistik. 1933 Promotion, anschließend Zweitstudium der Medizin. 1941 Habilitation. Nach Kriegsende Errichtung des »Instituts für Grenzgebiete der Psychologie und Psychohygiene« in Freiburg. 1954 Lehrstuhl für Grenzgebiete der Psychologie. 1966 Ordinarius für Psychologie und Grenzgebiete der Psychologie. Herausgeber der »Zeitschrift für Parapsychologie und Grenzgebiete der Psychologie«; Verfasser zahlreicher Publikationen.

Serie Piper:

Reihe Roter Schnitt